すべての経済はバブルに通じる

小幡績

光文社新書

まえがき

私は、先日、金融の試験問題を3つ作りました。それらは、

①お金はなぜ殖《ふ》えるのだろう？
②経済はどうやって成長し続けるのだろう？
③資本主義とは何だろう？

というものです。①は高校生用、②は大学生用、③は大学院生用の問題です。皆さんだったら、どの問題に、どう答えますか？

少し補足してみましょう。①については、将来のために賢くお金を殖やす、などというが、お金が殖えるというのはよくよく考えると不思議なことではないか、という疑問から出発し

ています。銀行に預ければ利子が付くし、株式に投資すれば配当と値上がりで利益が出ます。でも、自分は何もしていない。お金が代わりに働いてくれるのだろうか。なら、お金が働くとはどういうことなのだろう、という疑問です。

②は、経済も企業も常に成長を求められますが、本当にそれは可能なのだろうか、という疑問です。日本政府に対する批判として、現状のような低い経済成長率ではだめだ、という議論がなされます。企業は、投資家に対する説明会において、常に、成長シナリオの提示を求められます。これらは、成長することが大前提で、その率が高くなくてはいけない、という議論ですが、しかし、そもそも、経済も企業も永遠に成長し続けることは可能なのでしょうか。中国が日本に取って代わり、トヨタが米国の自動車メーカーに取って代わることにより、中国経済やトヨタの売上が拡大するのはわかります。しかし、世界経済全体が成長し続けるということは、本当に可能なのでしょうか。

たとえば、トヨタの車を買うことができる顧客が永遠に増え続けることは可能なのでしょうか。彼らは、どこでそのお金を稼いできたのでしょうか。究極的には、世界中でトヨタの車を買うためのお金が殖えていないといけませんし、世界全体で経済が成長するには、需要を満たすために、支出する側の収入、すなわち、お金が殖えていないといけません。ここで、

①と②の質問は繋がってきます。

③は、深遠な質問のように見えますが、実は、これも①と②に繋がっています。資本主義には、かつては社会主義という「敵」がいたので、自由な経済活動というイメージで何となく済まされていたのですが、いまや他の経済システムが存在しないので、かえってわかりにくくなっています。会社は誰のものか、とか、株主資本主義は会社を滅ぼす、といった議論が出ていますが、資本主義とは、定義上は、株主が企業の意思決定権を持つシステムであるので、これらの議論は間違いです。しかし、株主が会社を支配するのでは、という恐怖感を抱いてしまう人々が存在するのはなぜなのでしょうか。その恐怖は、まったく根拠のないものなのでしょうか。

＊

実は、①から③への、私の用意した回答は3つとも同一でかつシンプルなもので、

「ねずみ講」

というものです。答案にこれが書いてあれば、90点です。居酒屋談義なら100点満点でしょう。

ねずみ講、これが、お金が殖える理由であり、経済成長がプラスを持続するメカニズムで

あり、資本主義の本質なのです。

＊

ねずみ講において、出資金が殖えるメカニズムは単純で、次に入会した人の出資金が回ってくるだけのことです。つまり、新しい人が入ってこないと困るのです。しかし、考えてみると、株式投資もある意味同じです。ソニー株に投資した人にとっては値上がりすることが重要で、経営がうまくいって収益が伸びるのはいい情報ですが、直接には関係ありません。収益が伸びても、株式市場が悲観一色なら、間違いなく株価は下がっていきます。これでは困ります。全ては、買った値段よりも高く売れるかどうかにかかっています。

高く売れるということは、高く買う人がいるわけですが、その人はどうするのでしょうか。当然、また、次の人に売ることになります。それがより高い値段で売れればいうことはありません。そして、その次の人も、次の次の人に売ることになります。皆がより高い値段で売り続けることができるとすると、それは、ソニー株が、ずっと上昇し続けることを意味します。そのためには、ソニー株をより高い価格で買ってくれる新しい投資家が永続的に流入しないといけません。

しかし、これが永遠に続くことは可能なのでしょうか？　最後はどうなってしまうのでしようか?

ソニーがいかに素晴らしい企業であり続けているといっても、創業は戦後のことであり、また、大成功したのはウォークマン以後で、まだ30年もたっていません。誰も優良企業の最後を想像していないのですが、考えてみると、よくわかりません。

＊

②に関しては、もちろん、規模の拡大により、経済は成長します。一人一人が、食料など必需品を得るために労働しますから、人口が増えれば、労働投入量も増え、世界全体で消費する食料も衣類も増えていき、経済は膨らみます。すなわち、人口増加に従って経済は成長します。

しかし、それでは、1人当たりの生活水準は上昇しません。人口が増えて経済規模が拡大しても、経済の質は変わらないわけです。現実の経済成長とは、人口増による規模拡大だけでなく、1人当たりの国民所得が増えていくことを意味します。これはどうやって起こるのでしょうか。

近代経済学の始祖、アダム・スミスは、それを分業に求めました。分業により、作業効率が上がり、経済規模の拡大に伴い、より経済は効率的になり、富が拡大していく、というわけです。アダム・スミス以前は、重農主義と重商主義が争っていました。重農主義の立場からは、貿易により富を蓄積する重商主義は、植民地から富を奪ってきているだけだ、と批判されました。太陽と労働力から作物を育て、収穫する農業は、いわば、無から有を生み出しており、経済において、新しく富を生み出すプロセスは農業だけであるという主張なのです。

しかし、アダム・スミスは、分業により、労働力の生産性が向上することで、従来よりも多くの富が同じ労働力から作られること、つまり、無から有が生まれるのに近い、新たな付加価値が生まれることを示したのです。

これを可能にしたのが、資本の蓄積でした。資本があることによって、分業がどんなに複雑になり、生産開始から販売終了までの期間が長くなっても、耐えられる経済体制が整う、ということです。したがって、より高度な分業体制を可能にする資本の蓄積が、経済成長にとっては必須のものとなるのです。資本が増えれば、労働力1人当たりの資本が増えて、労働生産性も高まるのです。それは、分業の高度化と、労働者1人当たりに対する道具、あるいは機械の装備率が高まることによってもたらされました。より高性能で効率のよい機械を与えられれば、同じ人間でも、より多くの製品を生み出せる、ということです。これによって得られた利益は、機械と人間とで分け合う、すなわち、資本と労働とで分配することになります。

分業以外のもう一つの経済成長の可能性は、技術の進歩と教育投資によるものです。技術が進歩すれば、同じ資本投入量に対して、より多くのもの、より価値の高いものが生み出される可能性が出てきます。たとえば、より高度な機械が入手可能になり、生産性が向上するのです。教育投資も同様で、労働力が高度化して、同じ労働力の投入で、より多くのもの、より価値のあるものが生み出されるようになるのです。技術進歩は、より頭のよい資本を作り、教育は、より頭のよい労働力を作ります。この結果、生産性が上がり、同じ資源でより多くの、より価値のあるものが生み出され、経済は成長するのです。

この2つは、経済理論における、経済成長の主要な源泉です。しかし、より多くの製品を同じ労働力から生み出せるとしても、一方、それを買ってくれる人のお金はどうやって生み出されたのでしょうか？　大量生産できるようになったのはよいのですが、買ってくれる人は、それに合わせて、大量に生み出されるのでしょうか。

この批判が、一九二九年の大恐慌のときに、経済学者ケインズが主張した「有効需要の不足」です。需要がなければ、大量生産しても全く売れないことになり、失業をなくし、経済成長を持続するためには、とにかく需要がなければいけないと主張しました。この需要不足を解決する簡単な方法は、経済規模の拡大です。これが需要の増加をもたらすことで成長の持続は可能になります。つまり、従来、資本主義経済圏ではなかった地域を取り込むことによって、新規の需要を開拓するのです。その地域へ、より進歩した技術と資本の蓄積によって可能となった大規模で効率的な生産により、製品を売り込み、利益を増やすのです。つまり、経済成長には、未開の地、あるいはフロンティアが必要なのです。

未開の地を含めることにより、世界全体の経済規模は拡大します。労働力が増えたことから、資本は相対的に稀少となり、利益を増やします。また、労働力とは人間なので、新たな需要者となり、増えた供給の販売先となります。これにより生産は拡大し、利益により富は増加し、それを新しく加わった地域の労働力と既存の資本とで分け合いますから、既存の資本はますます膨張していくのです。

この議論は、そもそも資本主義とは何か、という問題に直結します。資本が労働力とともに生産プロセスに投下され、付加価値を生み出し、それが利益となり、資本の蓄積が進むのですが、このもともとの資本主義が、資本の蓄積に伴って、市場資本主義や金融資本主義に変質していくのです。

なぜなら、世界経済における未開の地は減少し続けていくのに対して、資本の膨張のスピードは加速しているからです。したがって、生産プロセスへの追加投資という資本へのニーズでは、資本の膨張に追いつかなくなってしまったのです。この結果、生産プロセスへの投資では十分な利益獲得が不可能になったため、資本は別の利益獲得方法を探ることになるのです。それが金融資本への変化です。

＊

産業資本が金融資本に変質することにより、富がもたらされる仕組みも変質しました。つまり、資本の移動によって、より大きな富が生み出されるメカニズムが成立しました。ここにおいては、最も効率的な労働力（経営者を含むので、よりよい経営の企業といってもよいです）のもとへ資本が駆けつけ、より高い利益を生み出し、それを労働と資本とで分け合います。そこには、ダーウィン的な適者生存の論理も含まれ、より効率的な労働力と、よりすばやくそこへ到達できる資本がより高い利益を得ることにより、生き残り、この利益が資本となってさらに蓄積され、その資本は膨張を続けます。こうなると、産業において生み出された利益を蓄積した産業資本を離れて、資本として独立した金融資本が、独自に利益の機会を求めて世界中を移動します。未開の地への投資には、既にこの要素が含まれていましたから、産業資本から金融資本への移行は、自然の成り行きでもあったのです。

ここに金融資本主義が成立します。そこでは、金融資本の投下されるスピードとその量が重要になります。この点に優れる金融資本が、利益機会を捉え、さらに増殖することになります。この利益機会は、産業資本と異なり、生産プロセスとは限りません。投資により利益が出るのであれば、どんな機会でもよいのです。この結果、一時的に割安になっている資産を買い取り、価格が正常に戻ったときに売って、その利ざやを稼ぐことや、将来、稀少になって価格が高騰すると思われるものを買っておくことにより利益を上げることが、金融資本における利益獲得の中心的な手法になっていきました。

このプロセスにより、利益をさらに蓄積し、投資先への投下量とスピードをより増大させた金融資本は、ますます力を持つようになります。大量の資本を持っているものがより強くなり、さらに資本を増殖させていきます。ここに、金融資本の自己増殖が加速し、この自己増殖は、いわば金融資本の本能となり、収益機会を察知して、そこへ飛んでいくことが金融資本の特徴の1つとなります。

＊

ここに、金融資本が支配する社会における資本主義の本質が明らかになります。それは、資本中心主義であり、資本の自己増殖本能を満たすために経済が存在する、というものです。

経済を成長させるために投下された金融資本が、経済において利益を生み出す決め手になると、その金融資本が主役になり、こちらの目的が優先されるようになります。経済と金融が主客逆転し、金融資本が利益を上げ、自己増殖するための収益機会として経済は存在することになるのです。

しかし、ここでも問題なのは、この金融資本がどのようにして自己増殖の持続に成功するのか、という点です。金融資本が利益を得るためには、投下された金融資本に対価を払ってくれる人がいないといけません。市場経済においては、全てのものに価格が付きますが、その価格は、需要と供給で決まります。つまり、価格が高いものというのは、需要が多く、供給が少ないものであり、そのものには稀少性があることになります。

すなわち、金融資本が自己増殖するためには、金融資本自身が稀少でなくてはいけません。経済においては、稀少性がないと、お金を払ってくれる人がいなくなってしまうのです。金融資本は自己増殖を続けていますから、その増殖した金融資本以上に経済が拡大して、収益機会、投資機会が増えていないといけないのです。しかし、実体経済の成長には限界があり、未開のフロンティアにも限りがあります。

結局は、このフロンティア（＝新しい需要）がないと経済成長はできず、生産規模の拡大のための金融資本は必要とされなくなってしまいます。この結果、自己増殖し続ける金融資本へ対価を払う人がいなくなってしまい、行き詰ってしまうのです。

この難問を解決するのが、金融手法の高度な発達です。実物的に付加価値を生み出さなくても、金融の世界の中で、富を生み出せばよいのです。つまり、より魅力的な金融商品を生み出せばよいのです。この例が、金融工学であり、証券化です。ただし、そこから生み出された魅力的な金融商品も、それにお金を払う人がいなければ意味がありません。結局、そのお金はどこから生まれてくるのでしょうか。

それは、自己増殖した金融資本が、以前の金融資本を買うことにより成り立つのです。金融資本とは、結局お金ですから、増殖により増えたお金が、増殖する前の金融資本を、以前より高い価格で買うことになり、以前の金融資本には、より高い価格が付き、価値が増大したように見えるのです。つまり、たとえば、経済全体の金融資本が1000兆円から2000兆円に増えたとしても、その金融資本の投資先が、実体経済である以上、実体経済が同じであれば、何も変わっていないのに、資本の価値が倍増したように見えるということなのです。実体経済全体が、ひとつの企業から成り立っており、その企業の株式が1000円だったとすると、その株価が1000円から2000円に上昇しても、結局、その企業から生み出される製品やサービスは、なんら変わらないにもかかわらず、株価が倍増したことから、企業価値およびそこに投資した金融資本の価値が倍増したようにみえるだけなのです。

この結果、利子はプラスとなるため、お金を預けるとお金が増えて返ってくるのであり、金融市場において、金融資本は成長し続けることになるのです。

＊

しかし、金融資本の膨張プロセスが永遠に続くことは可能なのでしょうか?

当然、これが続かなくなる瞬間はやってきます。膨張した金融資本が、金融市場に常に再投資され続けるとは限りません。今は高いから、もっと金融資本（株や債券などの金融商品）が安くなってから買えばよい、と考え始めた瞬間に、この継続的な膨張は破綻します。それを一般的には、バブル崩壊と呼びます。一九二九年の大恐慌のときがそうです。皆がまだ資産価格は下がり続けると思ったために、誰も金融資本を買わなくなってしまったのです。

ねずみ講であれば、新しい会員が入ってこなくなり、既存の会員が増えた出資金をそのまま継続投下せずに引き揚げたとき、破綻します。ねずみ講と同様に、バブルも、誰も破綻しないと思っている限り破綻しませんが、多くの人が破綻を危惧した瞬間に、やはり破綻します。

そして、金融資本の自己増殖は、経済成長が永遠に続かない限り、バブル以外には維持不可能です。そして、バブルは維持不可能ですから、やはり、崩壊するのです。

そして、この崩壊をもたらしたのは、金融資本の自己増殖願望ですから、資本あるいは、株主に意思決定権を委ねると、資本の都合で、会社が破壊されてしまうのではないか、という潜在的な恐怖感を人々が持つのも、まったく根拠のないこととは言い切れないのです。

現在のサブプライムショックに現れた世界の金融市場の状況は、金融資本の自己増殖が維持不可能になってきた兆候の一つだと私は考えています。

＊

本書では、これらの議論を、もう少しくわしく、綿密に行います。90点の答案を99点にするものといってもよいでしょう。１００点でなく99点である理由は、ここでの議論が、現実世界でまだ結論が出ておらず、これから起こる可能性のあることについての議論だからです。私も皆さんと一緒に考えることで、二一世紀の世界経済、資本主義の将来について、洞察を深めたいと考えています。その議論の結果、さらに新しい洞察、新しい資本主義論が生まれることを期待しています。

目次

第1章　証券化の本質

サブプライムショックとは何か

サブプライムショックとは、サブプライムにあってサブプライムにあらず。これがサブプライムショックの本質だ。サブプライムショックとは、サブプライムの内容とは関係がないのである。

サブプライムローン問題に端を発する二〇〇七年夏以降の世界金融市場の混乱は、サブプライムショックと呼ばれる。一般的には、サブプライムローンの証券化により、そのリスクが見えにくく制御不可能となっているのが、今回の金融危機の本質的な問題、という議論がされてきた。しかし、ここで呪文のように語られる、サブプライムも証券化も、この危機の本質ではない。本質は、二一世紀型の新種バブルの生成と崩壊なのである。

サブプライムローン問題とは、直接的には、米国における信用力の低い個人に対する住宅ローンの破綻懸念の問題である。この住宅ローン債権が証券化され、世界中の投資家が投資していたことから、このリスクが世界中に広がってしまったことが、世界の金融市場の混迷を深めた、というのが一般的な説となっている。

さて、そもそも、サブプライムローンとは何か。これは、信用力の低い借り手に対して出される住宅ローンのことである。サブとは「劣った」という意味で、プライムとは「最優遇」ということであるから、信用力のある借り手に貸すよりも劣った条件の住宅ローンということだ。

具体的には、当初の2、3年間は固定の低金利であり、その期間が切れると変動金利となり金利水準も上昇する、という形態をとるのが一般的である。中には、当初の低金利の期間は、元本部分を返済せず利子分のみを払うものや、利子分も全額は返済せず元本が増えていくものもある。さらに、頭金なしで住宅価格の全額を融資するケースもあった。このような形態のローンは以前からあったが、米国で住宅価格が上昇し始めた一九九〇年代半ばから拡大を始め、二〇〇三年以降急増した。

このようなローンではすぐに行き詰ってしまい、借り手、貸し手、共に困るのではないか、という疑問が生じる。

借り手としては、当初の低金利の期間が終わり、毎月の返済額が上昇した途端に払えなくなるリスクがある。貸し手としても、借り手が返済できずにデフォルト（債務不履行）となるリスクがある。

この場合は、担保の住宅を売却して資金を回収することになるが、借り手の住宅購入費用を全額融資していれば、一般的には、個人が購入した住宅を買った値段よりも高く売却することはできないから、売却によっても全額回収は困難である。

しかし、このような構造であるにもかかわらず、サブプライムローン産業に属する各企業は収益を急拡大してきた。これはなぜなのだろうか。

それは、住宅価格が上昇してきたからである。住宅価格が上昇していれば、借り手は、低金利の期限が来たときに、別のサブプライムローンへ借り換えを行うことで、また再び低金利からスタートできるようになる。

一方、貸し手のほうも、住宅価格の上昇があれば、最悪でも担保物件の売却という手段があるため、誰に貸しても必ず回収できる。よって、借り手の信用力に依存する必要がなく、ノーリスクで収益を得ることができる。したがって、住宅価格の上昇は、サブプライムローン産業の発展にとっては必要不可欠なものであり、逆にいえば、住宅価格が下落を始めれば破綻することは必然だったのである。

証券化というマジック

住宅価格の上昇と並んで、このサブプライムローン産業の拡大を促進したメカニズムのもう一つの柱が、証券化である。証券化により、このサブプライムローンという債権を買い取る投資家層が広がり、潤沢な資金がサブプライム産業に流入した。

サブプライムローン会社は、既に貸し出したサブプライムローンを、別の投資家に買い取ってもらえれば、この貸出債権という資産を保有し続ける必要はなくなり、身軽になることができる。この結果、新規の顧客や借り換えを希望する借り手に、追加的に、新規のサブプライムローンを貸し出すことができるようになる。この貸出債権の売却により、サブプライムローン会社は、ローンの実行融資総額を急速に拡大していき、サブプライムローン会社、およびその市場全体の規模は、急激に拡大していったのである。

住宅ローンを貸し出す会社が、ローン資産を売却して新たな資金を得ることができれば、貸し出しを拡大でき収益が増加する、というのは当然だ。しかし問題は、なぜ、それが証券化により初めて可能になるのか、ということだ。

なぜ、住宅ローン債権をそのままでは買わない投資家が、住宅ローン債権を証券化した商品ならば、買ってくれるのか。しかも、投資家が群がるほど、この証券化商品の人気が出たのはなぜなのだろうか。これを理解するためには、「証券化」というものを根本から考える必要がある。

そもそも証券化とは何であろうか。

証券化のプロセスの第一段階では、様々な実物資産（ここでは、住宅ローンであるが、住宅ローンに限らない）を集め、これらの資産から生じるキャッシュフローを権利としてまとめる。第二段階では、その権利を細かく分けて、分けられた権利をそれぞれ個別の証券とする。最後に、第三段階として、分けられた個別の証券を、それぞれ別の投資家に対して売り出す。これが、証券化のプロセスである。

このように、集めたり、分けたりしているが、経済的な実体としては、単なる権利の移転に過ぎず、全体では何の変化もない。つまり、様々な資産から生じるキャッシュフローをまとめてそして切り分けているだけであるから、キャッシュフローの総体は当然同一である。また、そのキャッシュフローを受け取る主体は入れ替わっているが、これはキャッシュフローには影響を与えないから、全体としては何の変化もないはずである。

ところが、証券化をすると、突然、投資家が群がってきて買ってくれる。これには、何か秘密があるはずだ。証券化によって生じる魅力について、サブプライムローン債権の証券化のプロセスを追うことによって分析してみよう。

サブプライムローン債権の証券化の魅力　①リスクの小口化

サブプライムローン債権を証券化するときには、先ほど一般的な証券化のプロセスとして述べたように、まず、ローン債権を大量に集めて、それを切り分ける、という手順をとる。

このとき、投資家にとって都合がよいのは、小額から投資できるということである。つまり、サブプライムローン債権を一人で買うとなると、それなりの値段となる。しかも、何千人、何万人に対する貸出（ローン）をまとめてあるから、何百億、何千億円という金額になってしまう。これを一人で買うのは無理だし、リスクが高い。しかし、証券化により、債権を証券にして分けてくれれば、たとえば、１万円からでも買えることになり、投資しやすくなる。したがって、お金が集まりやすくなるのである。

優良部分の抽出　②リスクを除去するプロセス

証券化して、切り分ける場合には、必ずしも、金太郎飴のように、すべて同じものとして切り分けなくてもよい。つまり、好きな部分だけを切り取ってうまく使うことが可能なのだ。たとえば、多数の住宅ローンを集めてできた多額のキャッシュフローを、切り分けてリスクの低い部分と、リスクの高い部分に分けることができる。具体的には、全体の40％の借り手が延滞したとしても確実に返済されると思われる部分を切り分けて、このキャッシュフローの部分に対する権利を持つ債券を作り、これを高格付け債券として売り出す。一方、返済が滞れば、その分が直接にキャッシュフローの減少となるような部分を、リスクの高い部分として切り分ける。

この確実に返済されると思われる部分に関する債券には、ほとんどリスクが含まれていない。借り手が返済できないリスクは、切り分けられてしまい、この債券とは無関係になってしまうからだ。これが、証券化により、リスクを除去するプロセスだ。これにより、サブプライムローン債権は、安全な部分だけを抽出され、トリプルAといった信用度の極めて高い格付けをもった債券となりうるのである。

一方、リスクを極めて低くするために確実なキャッシュフローを取り出した後の残りについては、そのままでは投資家に対しては売れないので、さらに工夫を凝らした。

このプロセスでは、高い格付けが得られなかった部分が、再度集められた。カリフォルニアの住宅ローン債券からトリプルAの債券を作った後の残りの部分や、ニューヨークの同様のものなど、様々なトリプルAの債券を作る過程でそぎ落とされた部分を、もう一度かき集めたのだ。そして、ここから再度、最初のトリプルAの債券を作ったときと同じように、確実に返済が行われ、収益として入ってくる部分だけを取り出した。これをトリプルAあるいは、それよりはやや下の格付けの債券として販売したのである。

トリプルＡよりは下であっても、サブプライムローン債権の元の状態と比べれば、はるかにリスクが低くなったものであったから、投資家は殺到してこれを買い求めた。

さらに、このプロセスを繰り返したもの、いわば、証券化を何度も繰り返したような証券も生み出され、何が何でも格付けを得て、投資家が買えるような投資商品に仕立て上げることが行われたのであった。

一方、これらの債券の信用力をさらに補完するように、収益や債券に付随する利払いに対して二重の保証も付けられていた。

第一の保証としては、借り手が返済できなかったときに、住宅ローン会社自身が、その一部を補填する契約が結ばれていた。ローンの返済に延滞やデフォルトが起こっても、ローン会社が部分的に負担するため、証券を保有している投資家へ入ってくる収益は多くの場合、減少しないこととなっていた。

第二の保証としては、このローン会社が破綻して補填分が払えなくなったとしても、モノラインと呼ばれる別の保証会社が、証券の利払い、元本に対して保証をしていた。したがって、証券を保有している投資家は、二重に補填契約があることになり、利払いを受け取れない可能性がきわめて低くなる。つまり、「リスクから隔離されている」ことになり、トリプルAと呼ばれる最もリスクの小さい最上位の格付けを得ることも可能になっていたのである。

統計的分散化メリットの追求　③リスクを純化するプロセス

証券化によって小口投資が可能となり、リスクが分散化されることによるメリットは、さらに大きなリスクの低下をもたらす。

第一に、統計学で大数の法則と呼ばれるメリットがある。サブプライムローンでいうと、何千、何万戸という大量の貸出先を集めてくるので、これらが全て同時に貸し倒れるリスクは極めて低くなるということだ。1軒の住宅に貸した場合の貸し倒れる確率が10％とすると、10軒の貸出先が全て同時に返済不能となる確率は、通常の場合、単純に計算すると100億分の1に激減する。これが、最も重要な投資先の分散の効果である。

ただし、注意しなければならないのは、一つの貸出先が返済不能になるときは、別の貸出先が返済不能になる確率も多少上がってくるということだ。ある地域で住宅ローンを貸している場合、その地域の景気が悪くなれば失業率が上がり、その結果2軒が同時に返済不能になる確率は10％かける10％で、1％ではなく、やや高くなるだろう。

しかし、証券化による第二の分散化のメリットは、このリスクも低下させる。証券化の場合には、キャッシュフローを生み出す資産を集めるときに、性格の異なった資産を集めることができるので、あえて異質なものを一緒にまとめて証券化することがある。たとえば、サブプライムローンに限定しても、米国でいえば、ニューヨークなどの東海岸の住宅ローンと、カリフォルニアなどの西海岸の住宅ローンを混ぜることによって、リスク分散の効果が強力なものになる。なぜなら、ニューヨークの金融業界が景気が悪くても、シリコンバレーのIT業界は、海外の新興国の需要などで、景気がいい可能性もあるからだ。

さらに、住宅ローンとそれ以外の債権、たとえば、クレジットカードの返済から生まれるキャッシュフローを源とする債権を一緒に証券化すれば、かなりのリスク回避ができる。なぜなら、住宅市場が低迷した場合でも、クレジットカードの返済はそれほど影響を受けないからだ。

後に、サブプライムショックが起きたとき、サブプライムローン関連証券化商品に対する批判として、サブプライムローン債権が様々な証券化商品に入っていたために、世界中の、住宅と関係のないと思われていた債券の価格まで暴落してしまった、ということがいわれた。証券化商品は悪質に混ぜ物をしたひき肉にたとえられ、痛烈な批判を浴びたが、統計理論的には、多様なものをあえて混合することは、分散することによってリスクを低下させることになり、極めて合理的なことなのである。相反するものが一緒になることで、それぞれのリスクを打ち消し合い、いわばリスクは分散化により、リスクの少ないものとして純化されるのである。

以上見てきたように、証券化によりリスクは分散化され、除去され、さらに純化されてきた。その結果、サブプライムローン債権という、極めて信用度の低い債権は、トリプルAという信用度が最も高い格付けの債券に生まれ変わったのであった。

これが、一般的に解説される証券化であり、証券化のメリットであるが、実は、この証券化によっては、実質的には何も生み出されていない。

なぜなら、これまで述べた手法は、全てリスクを移転しているだけであり、経済全体のリスクが減ったり、なくなったりしているわけではないからである。リスクを分散化することによっても、リスクを切り分けて除去することによっても、保証を付けることによりリスクを負う主体を替えても、さらに、分散化により統計的にコントロールしてリスクを純化しても、リスクの総量自体は変わっていない。リスクが移転して、リスクの所在地が変化しているだけなのだ。

したがって、経済全体で見ると、証券化によって何も変化は起きていない。これまでに見てきた証券化の効果では、経済全体において新たな価値は生まれていないのだ。

リスクのオーダーメード

しかし、伝統的なファイナンス理論における証券化の意義とその価値は、もう一歩進んだところにある。

なぜ証券化により、投資家が殺到してくるのか。新しい価値はどこから生まれるのか。それは、元の資産から生まれるキャッシュフローとそれに伴うリスクをまとめて、そして、切り分けることにより、利払いとリスクの組み合わせを新しいものに変化させるからである。その結果生まれてきた証券は、それぞれの投資家にマッチした金融商品に仕立て上がっているのである。

リスクをまとめたり、切り分けたりするプロセスは、前節においても見てきた。新しく登場したのは、リスクを個々の投資家に合わせて加工する点である。

これは、生地は全く同じでも、既製のスーツより、個々人の体型にフィットしたオーダースーツのほうが価値があるのと同じ理屈だ。顧客は自分の身体にあったスーツに対して、より高い価値を認めるから、その分高いお金を払うのである。つまり、リスクを集め切り分けたものを、個々の投資家の嗜好に合わせて組み合わせることにより、投資家にとって、より価値のある金融商品に仕立て上げるのである。

したがって、資産に含まれるリスクを組み換えて、より本質的な価値の増大をもたらす重要なメカニズムは、このリスクとリターンのオーダーメイドなのである。

リスクの低い投資を望む投資家に対しては、リターンが低くなってもリスクのほとんどない証券を作り上げ、これを販売する。多少リスクが高くてもよいから、高いリターンが欲しい投資家に対しては、ミドルリスクミドルリターンの証券を作り、さらに高いリターンが欲しい投資家に対しては、ハイリスクハイリターンな証券を作って販売するのだ。

このようにして、サブプライムローン債権というキャッシュフローを生み出す資産は、それぞれの投資家のリスク嗜好に合わせて仕立て上げられ、証券化商品として販売される。個々の投資家にとっては、個別の住宅ローンというそのままでは投資できない資産が、投資可能な証券化された投資商品となるから、投資価値が生み出されたことになる。さらに、それは、全ての投資家に対して同じように作られた型にはまった資産ではなく、自分の嗜好にあった投資商品であるから、非常に価値の高いものとなる。

生地のままでは、まったく価値はなく、それをスーツに仕立てて初めて、会社に着て行く上で利用価値のあるものとなる。さらに、そのスーツが、オーダーメードで身体に完全にフィットしていれば、その価値は、さらに高いものとなるのである。

ここでも、経済全体としてみればリスクの総量が変化しているわけではない。経済全体におけるリスクの分布は変わるが、リスク総量は減らず、本質的にリスクが変質したり、減少したりはしていない。しかし、それにもかかわらず価値が生まれている。リスクのオーダーメードにより、リスクがそれぞれの投資家に合わせて理想的な形になっていることにより、同じリスクの総量でも、それぞれの投資家にとっての価値の合計が増加しているのだ。

これは、ファイナンス理論における、教科書的な「証券化」の意義であり価値である。証券化により、新たな価値が創造されたのであり、金融市場の発達、経済活動の発展がもたらされたのである。

しかし、サブプライムショックのプロセスによって明らかになった、真の意味での「証券化」の本質は、さらに深いところにあった。それは、机上の理論を越えた、金融市場の本質、人間の本性である「欲望」に深くかかわっていた。そこでは、リスクの本質的な変質が起きていたのである。

リスクを変質させるメカニズム

それでは、真の「証券化」の本質とは何か。それは、リスクの変質を起こすメカニズムにある。すなわち、証券化の最も本源的な機能とは、「原資産を金融商品に変質させる」メカニズムであり、これによりリスクは本質的に変質するのである。

サブプライムローン債権を、格付けのついた債券に変貌させることにより、新たな金融商品が生まれ、資産が商品となることによって、投資家にとっては、この投資対象のリスクが本質的に変質した。その結果、この商品に対する投資家の需要が沸騰し、金融市場全体が膨張することとなったのである。これがサブプライムローン問題の本質なのであるが、以下では、具体的に見ていくことにより、このリスクの変質をわかりやすく説明しよう。

証券化の本質は「商品化」

金融市場に対して最も大きな影響を与えた現象としての証券化の本質とは、資産が証券化されると同時に「商品化」され、価格が付くということなのだ。価格が付くとは、単に鑑定評価額などの理論的な価値が決まるのではなく、「市場価格」が付くという意味だ。そして、これが本質的な変化をもたらすのである。

では、商品とは何であろうか。一般的には、商品とは、店などで売られているモノであり、そのモノは、広く潜在的な買い手を想定して作られていたり、ディスプレイされていたりする。証券化商品も同じである。様々な投資家が買う状況を想定して作られ、売り出され、宣伝されているのが、証券化された投資商品なのだ。

投資商品は、たとえば、ハイリスクハイリターンとかミドルリスクミドルリターンという大まかな分類で、投資家に提示される。つまり、リスクとリターンの２つの軸で標準化されているのだ。どんなに複雑な投資商品も、結局は、リスクとリターンの２つの軸で、投資家に対して提示される。そして、その組み合わせに対して、投資家は自己のリスク許容度、リターン追求度など、自己の嗜好に合わせて投資商品を選ぶことになるのである。

「商品化」により広がる世界と増大する価値

投資商品は、この標準化により、投資物件としての価値が倍増する。この標準化が、証券化の源の資産である個別の住宅ローン債権には存在していなかった、重要な要素なのだ。

なぜなら、個別の住宅ローン債権の価値を評価するには、その住宅の広さや築年数だけでなく、地域特性や、周辺建物との立地関係、近隣住民との関係など、定型化できない情報を精査する必要がある。だからこそ、不動産鑑定士などというものが必要なのであり（それでもあまり信用されていない）、評価するには時間とコストがかかり、売買コストも高くつくのである。

一方、標準化された投資商品は、その資産の特性の全てが、リスクとリターンに反映されているから、複雑な個別の資産特性を考慮しなくてもすむようになる。つまり、個別の土地や住宅の地域特性や間取りの使いやすさなどは、もう考えなくてすむのだ。どんなに複雑な構造であっても、リスクとリターンという数字だけを精査すれば十分なのである。こうなると、この投資商品を分析できる人間は急増する。また、一人の優秀な人間、あるいはコンピューターが大量の資産を精査することができるようになるため、規模のメリットから、分析コストが急低下する。

その結果、この投資商品を買う投資家層が急拡大することとなる。これが、投資対象資産を標準化することの最大のメリットなのである。

たとえば、仙台の高級マンション一棟が、魅力的な価格で売り出されても、世界の投資家は誰も乗ってこない。興味を持つのは、仙台の地場の不動産屋か、せいぜい、東京の不動産ファンドだけだろう。

一方、このマンションが、多数の他の地域のマンションと一緒に、住宅系リート（REIT：Real Estate Investment Trust：不動産投資信託）として構成され、東京証券取引所に上場されたらどうだろう。その場合は、銀行の預金利子よりも高い利回りを求める年金生活者、個人投資家から、地方銀行、年金資金などの機関投資家、そして、海外の機関投資家、ファンドまで、ありとあらゆる投資家の投資対象となってくるのだ。

このように、今まで見向きもされなかった資産が、突然、世界中のあらゆる投資家の投資対象となるのは、個別の住宅の個別の要素に対する分析、評価が捨象され、その資産が投資商品として、リスクとリターンという標準化された評価軸の上で示されるからである。そうでない現物の不動産や不動産ローン債権は、本当は貸し倒れる確率がゼロに近くても、リスクとリターンを分析することが一般的な投資家にはできないから、そもそも投資対象にならない。

投資家にとっての最大のリスクとは何か？

マンションという元の資産が、証券化により、リスクとリターンという形で標準化され、投資商品となったことによるメリットは、多くの投資家にとって、分析や評価ができるようになり、投資対象となったという点に留まらない。これを上回るメリットが存在する。それは、商品化されることにより、投資家にとっての最大のリスクが飛躍的に軽減されることにある。すなわち、証券化とは、投資家にとっての最大のリスクを減らすメカニズムなのである。

そもそも、投資家にとっての最大のリスクとは何か。たとえば、住宅ローンなどの不動産融資の場合を考えると、借り手が返済不能になることと思いがちだが、そうではない。投資した資産を売りたいときに売れない、ということであり、住宅ローン債権を他の投資家に転売できない、ということなのだ。

多数の投資家の投資対象となっている証券化商品は、リスクが極めて低い投資商品となる。なぜなら、証券化前と物理的には同じ資産であっても、多数の潜在的な投資家がいることにより、売りたくても売れないという状況が起きる確率が飛躍的に低下するからである。ファイナンス理論では、この売りたくても売れない状況が起こる可能性を流動性リスクと呼んでいる。反対に、潜在的投資家や取引量が多い投資商品は、流動性が高いことから、流動性プレミアムが付くという。２つの資産が同じリスクとリターンの構造を持っていても、流動性が高い資産のほうが、その分高い価格が付く。

たとえば、日本の株式市場全体が大きく下落した、二〇〇六年一月のライブドアショックの際、ライブドア関連銘柄はもちろん暴落したが、それ以外の小型新興銘柄も大幅下落を続けた。なぜなら、個人投資家しか投資対象としない銘柄であったため、損失の大きかった彼らが買いに動くことができず、買い手が不在となってしまったからだ。損失が急拡大し、追い込まれた投資家が、いくらでもいいから投げ売ろうとしても全く売れず、値が付かないまま暴落を続けた。

一方、トヨタなどの大型株は、この下落をチャンスと見た外国人投資家やヘッジファンド、年金資金などが買いを入れたため、大量の売買が成立し、流動性が確保された。トヨタ株を保有していた投資家は、小型新興銘柄の投資家と異なり、大量に保有していても、売りたいと思えば、売却して資産を現金化することができた。

現金化したいときにできないという流動性リスクを考慮することは、投資においては極めて重要である。

最も重要なリスクとは、最も窮地に立たされたときのその危険度であるから（これは専門的にはヴァリューアットリスク［ＶＡＲ：Value at Risk］の考え方である）、市場全体が暴落したときや、自分が財政的に破綻しそうになったときに、売却価格はともかく、すぐに現金化できるということが、投資におけるリスク管理にとって最優先事項だ。投資した資産がいつでも売れるほど流動性が高い投資商品は、流動性が限定的である投資商品よりも遥かにリスクが小さく、価値が高い。

したがって、資産が、標準化により投資「商品化」され、この投資商品を投資対象とする投資家が飛躍的に増大すると、この資産は価格が大幅に上昇することになる。「商品化」による客層の拡大が流動性の増大をもたらし、それがこの投資「商品」の価値を上げることになるのだ。

ここで、個別の資産をリスクとリターンという形で標準化することを可能にしたのは、証券化である。つまり、証券化は、資産を商品化することにより、価値を大きく増大させるのである。

偉大なる流動性を生み出す「標準化」

資産が、リスクとリターンへの標準化を通じて「商品化」されることで、多くの投資家を呼び込み、流動性が飛躍的に高まる。それにより、この資産に投資するリスクが大幅に低減する。これが、本源的な元の資産のリスクが不変であるにもかかわらず、投資リスクが急減し、資産価格が高騰する、という証券化の本質なのだ。

資産の「商品化」は、企業の収益状況や、債券のキャッシュフローそのものを改善するものでないにもかかわらず、流動性をこの金融商品に与えることによって、資産価値を増大させた。つまり、「商品化」により、資産に対する投資リスクのシスティマティックな低減が起こり、これが価格上昇をもたらしたのである。

すなわち、資産の「商品化」は、価格上昇スパイラルを作り上げる可能性がある。そして、この「商品化」こそが、資産価格の上昇スパイラルメカニズムの本質なのである。

上昇スパイラルの可能性

もともとリスクが非常に高い証券があったとしよう。この証券の元となっている原資産がどんなにリスクの高いものであったとしても、証券という形で商品化されているため、価格が十分に低ければ、常に投資家が参入する可能性がある、つまり、投資家が価格次第で買う可能性があるため、投資対象となりうる投資商品となっている。

このリスクの高い証券を、ハイリターンを求める投資家が買う。この投資家は大きく儲かる可能性があれば、損をする可能性がいかに高くても、大きなチャンスを狙って買ってくる。高いリスクをとることを厭《いと》わないのである。しかし、もともと誰も見向きもしないようなものであるから価格は極端に安く、損失額は限定的であり、一方、うまくいったときの儲けは大きい。

このようなリスクを取れるのは、財力が豊富で、世界的に有名な投資家に限られる。多少の損失が出ても、財務状況は揺るがない投資銀行などの機関投資家と一部の極めて有名なファンドや個人投資家である。

一方、このような著名で定評ある投資家が買ったとなると、他の投資家も興味を示す。これらの著名投資家たちがあえて損をするような投資をするはずはなく、きっとかなり投資妙味があるチャンスなのだろうと考える。

最初にリスクを取った著名投資家たちは、次に参入してきた投資家たちに、投資した証券の一部を転売する。それにより、このリスクの高い投資商品の価格は上昇する。買った値段より上がっていなければ売る必要はないので、値下がりは絶対にしない。こうして最初の著名投資家たちは、利益を一部確定させるのである。

では、二番目に買った投資家たちはどうするだろうか。彼らも、著名投資家が買ったから買ったとはいえ、かなりのリスクのある資産であることは承知している。したがって、多少価格が下がったくらいでは動揺しないので、買った価格よりも安い価格では売却しない。こうなると、売る人はいなくなる。一方、著名投資家が買い、それに追随して他の投資家も買ったことを聞きつけて、これに乗ろうと買ってくる投資家が出てくる。この結果、需給バランスから価格は上昇しやすくなる。そして、実際に、取引で成立する価格は上昇したものとなる。なぜなら、最初の投資家、二番目の投資家たちは、自分たちが買った価格よりも安い価格では放出しないので、常に以前の取引よりも高い価格でしか取引は成立しないからである。

こうして、価格上昇傾向ができ上がる。著名投資家が買っていて、機敏な投資家たちもこの投資商品に集まっており、そして、価格は上昇し続けている——これらの条件がそろえば、他の投資家たちも買いに殺到することになるのは当然だろう。

ここに本質的な変化が現れ始める。この資産の取引価格は、それまでは、資産から将来得られるキャッシュフローを基準にして決められていたはずだ。ところが、この段階からは、それ以外の要素で決まってくるようになるのである。

つまり、当初は、将来のキャッシュフローがどの程度上がるかということを精査した上で、投資家同士の相対の交渉で取引価格が決まる。ここでは、将来のキャッシュフローに対するリスク認識の違いが、売る側と買う側の立場の違いをもたらす。すなわち、将来のキャッシュフローが確実に上がるかどうか、企業の債券であれば、企業が倒産せずにきちんと利払いができるかどうかについて、相対的に低い確率を予想している投資家が売り、高い確率を予想する投資家が買う。

しかし、徐々に投資家層が広がり、売買が活発に行われてくると、この債券を満期まで持ち続けようとする投資家は少数派になってくる。そして、毎年得られるキャッシュフローで当初の投資資金が回収できるか、という観点で価格を決めるのではなく、自分がこれから買う価格よりも将来高い価格で売れるかどうか、という観点で、現在の価格が安いか高いかが判断されるようになってくる。つまり、保有を目的とした投資から、次の投資家に転売することを目的とした投資に変質していくのである。

この変質は、投資から投機への変化としても捉えられる。しかし、ここで重要なのは、投資か投機か、ということではなく、投資の意思決定の焦点が、キャッシュフローが確実に得られるかどうかに関するリスクではなく、他の投資家に売れるかどうかに関するリスクに移っていることである。つまり、投資家の関心の焦点が、収益に関するリスクから流動性リスクに移っているのだ。

リスクの消滅

前節で述べたように、流動性リスクが多くの投資家にとって焦点であり、流動性リスクの劇的な改善をもたらしたのが、投資対象資産の「商品化」を可能にした証券化であった。流動性の付与により投資のリスクが低下し、それによって資産の価格が上がったのだ。

ここでのポイントは、最初に投資した投資家たちにとっては、投資前のリスクがリスクでなくなってしまったことである。リスクがリスクでなくなる魔法のようなことが、証券化により起こった。これが真の証券化マジックであり、ここに証券化の本質がある。

リスクがリスクでなくなるとはどういうことだろうか。

誰も見向きもしないような資産に投資するところに、投資前のリスクがある。このとき、誰も見向きもしないのは、実はこの資産がキャッシュフローを生み出さないからではない。キャッシュフローを生み出さないのであれば、そもそも投資として、どのような状況でも成立し得ない。その資産が、投資家を惹きつけられない理由は、キャッシュフローがないからではなく、流動性がないからなのである。

流動性がない資産に投資してしまうと、その資産を永遠に持ち続けるしかなく、その資産が生み出すキャッシュフローを長期にわたって少しずつ受け取る以外の選択肢がなくなってしまう。こうなると、財政事情が変わったり、他の投資機会が生じたりしたときに、すぐに現金化しようとしてもできない、という問題が生じる。すなわち、極めてリスクが高い資産となってしまうのである。売りたいときに売れない――たとえば、自己の財政事情が逼迫《ひっぱく》したときに売れないのであれば、その資産に投資することで、破産リスクを抱えてしまうことになる。

したがって、このような流動性がない資産に投資を決行する投資家は極めて少なくなり、資産価格は極めて安くなってしまう。つまり、流動性がないという高いリスクを反映して、大きなディスカウントがなされ、将来のキャッシュフローの期待値に比べ、非常に安い価格が付いてしまう。

このような場合に、この資産に投資を行う最初の投資家は、自分が売りたいときに売れない、というリスクを承知の上で、投資を行うことになる。つまり、彼は、資金に相当余裕があり磐石なので、どんなときでも、この資産が現金化できなくても構わない、という前提で投資をするのである。しかし、この投資家も、他に有望な投資機会ができたときに、その新しい投資機会に資金を移すことはできないから、やはりその分はリスクである。儲ける機会を失うという意味ではコストがかかるので、この機会コストの分をディスカウントした価格で、リスクを織り込んで投資するのである。

ところが、自分が投資したことにより他の投資家が追随し、その追随が次の追随を呼ぶようになれば、流動性不足により売りたいときに売れないという、流動性リスクは消滅する。投資家の流入が価格上昇傾向を生み出すことになるのだ。ここに、流動性リスクは、自己の投資およびそれに追随する他の投資家の買いにより、消失してしまったのである。投資家の追随が追随を呼ぶプロセス、これがリスクをリスクでなくすプロセスなのだ。

リスクのないビジネスモデルの完成

このリスクをリスクでなくすプロセスが生み出されるためには、この資産を投資対象と考える投資家の裾野が広がっていないといけない。有力な投資家が投資していたり、価格に上昇傾向が生じたりしているという事実に反応して、この資産に飛びついてくる投資家が幅広く存在している必要がある。そのような投資家が多数存在すれば、流動性リスクは当然消失し、上昇傾向にあった価格は、リスク消失の分、さらに上昇する。

裾野に広がっている投資家たちが、この資産を投資対象として考えるようになったのは、資産の投資対象としての特性が、リスクとリターンという標準化された2つの事項に凝縮され、商品化されたことによるものである。これがなければ、もともとの価格上昇傾向も起きにくく、それが加速することもなかったはずだ。

しかし、より本質的なことは、証券化という資産の商品化がなければ、価格に上昇傾向が生じたとしても、投資対象とする投資家が広がらないことだ。その場合には、流動性の大幅な上昇につながらず、よって、価格の上昇傾向も継続しないため、リスクはリスクとして残ったはずだ。

その意味で、証券化とは、すばらしいマーケティング技術なのである。証券化ビジネスとは、この技術を使って、確実に構造的に儲かる仕組みを作り出すビジネスなのである。証券化を行い、最初に投資した投資家にとっての証券化は、リスクを取った投資ではなく意図的にリスクをリスクでなくすことで利益を上げるという仕組みの考案による利益創生メカニズムなのだ。

それゆえ、証券化はストラクチャードファイナンス（仕組み金融）と呼ばれるのであり、リスクを取ってはいないのである。よって、投資銀行のバンカーは、相場の変動に賭けて儲けを狙うヘッジファンドのファンドマネージャーを野蛮人とみなし、頭脳を使ってリスクを取ることなく確実に儲ける仕組みを作り、自らの手を汚さない自分たちのほうが知的で洗練されていると考える。

金融工学モデルによる評価

さて、証券化を行い、それに最初に自ら投資すると、事前にはリスクを取って投資したことになるのだが、結果から見ると、流動性が高まったことによりノーリスクとなってしまう。しかも、価格は上昇トレンドで、確実にプラスのリターンが出ることになる。価格の上昇トレンドを見て、他の投資家たちが、この証券はリスクがそれほど高くないのではないかと思い始める。しかも、原資産（証券化のもとになった資産、たとえば住宅ローン債権）によるキャッシュフローが着実に生み出されていれば、その証券化商品に対する評価は確実なものとなる。

この結果、投資家たちの間で、その資産がキャッシュフローを生み出しているプロセス（ビジネスモデル）の長期的な安定性に対する関心は薄れ、過去のキャッシュフローの数字だけが重要となる。こうして、この証券は、原資産、原ビジネスモデルを離れ、結果の数字をもとに数学的に高度な評価モデルにより値付けされるようになる。このときに、金融工学を利用した理論モデルが多用されることになる。

格付け会社は、金融工学を駆使した高度な数学モデルでリスクとリターンの分析は行うが、ビジネスモデルの根本的な欠陥を精査することはない。過去のキャッシュフローおよび返済状況などの「実績」という結果だけを見て、実体があるとみなし、投資してもリスクが少ないだろうと高い格付けをつけるのだ。そして、実績は、実現の可能性があった様々なシナリオの一つであったにもかかわらず、実現した瞬間にそれを必然の結果と捉える。金融工学という高度なモデルを使うものの、そのモデルで分析する過去の実績は、たとえば、住宅市場が上昇している局面だけを分析した結果得られたデータというぐあいに、非常に偏ったデータである可能性があるのだ。

さらに、この証券の価格が上昇してきたという事実も、リスクが低いという評価を裏付けることになる。この価格上昇は、これから下落する可能性が高まっていることを示す単なるバブルかもしれないのだが、この危険性については、格付け機関は考慮しない。市場全体、経済全体の構造への洞察なしに、その証券だけを部分的に分析しているのである。

これなら、どんなビジネスモデルでも証券化できてしまう。つまり、怪しいビジネスモデルが生み出すキャッシュフローに基づく証券化でも、これまでの実績、すなわち過去のキャッシュフローが安定さえしていれば、魅力的な証券となりうる。極端にいえば、ねずみ講でも、破綻寸前までは、極めて素晴らしいキャッシュフローを生み出しているから、このロジックでいえば、魅力的な投資商品になりえてしまうのだ。

再度変質する資産

ここに、もう一度、証券化による資産の変質が起こる。

最初の変質は、実物資産である原資産が、投資商品として「商品化」され、マーケティングに成功にすることにより、幅広い投資家が買いたくなる商品に変質する、というものであった。その結果、この資産の本質的なリスクは、資産が生み出すキャッシュフローが確実に得られるかどうかというリスクから、この「商品」が将来売りたいときに売れるかどうか、という流動性リスクに変質した。この変質により、原資産の収益の安定性への関心はなくなり、売れるかどうかという他の投資家の意向、動向だけが重要になった。

そしてさらに、裾野の広がった投資家全体に売却するために、もう一度、リスクの変質が起きる。つまり、流動性リスクに基づいて評価されるようになった投資商品を、再び、流動性リスクによる評価から、資産の収益力という実体に基づくリスクにより評価される資産へと変質させるのである。

なぜ、変質させる必要があるのか。それは、投資商品から生じる利払いまたは配当により投資の採算性を考える投資家が市場に存在しないと、最後に買い手となる投資家が存在しなくなってしまうからだ。次に買ってくれる投資家を捜し求める、転売狙いの投資家だけでは、より高くは転売できないのではという不安が高まった瞬間に、この投資商品の市場が破綻してしまう可能性があるのである。

個人投資家や年金基金などの最終的な買い手となりうる投資家の参入を後押ししたのは、格付けというお墨付きと、実体を反映しているように見える過去の実績の2つであった。この2つが両輪となって、幅広い投資家に対して、サブプライムローン債権証券化商品は、高い価格で売れたのであった。

実体の空洞化

証券化による資産の「商品化」プロセスをもう一度振り返りながら、2度のリスクの変質について具体的に考えてみよう。

まず、ここに原資産がある。その資産は、住宅ローン債権でも、不動産そのものでも何でもよいのだが、実際に、将来にわたってキャッシュフローを生み出すと期待される資産である。通常のリスクとは、この資産から期待される将来のキャッシュフローが不確実で、将来になってみると実際にはキャッシュフローが得られないのではないか、という不確実性である。

具体的には、たとえば、その資産が駐車場であれば、将来、誰も駐車場を借りてくれなくなるのではないか、住宅ローン債権であれば、借り手が失業するなどして収入がなくなり、住宅ローンの返済ができなくなるのではないか、という資産に関しての将来の収益に対する不確実性である。

しかし、こうした原資産がプールされ、切り分けられ、再構成されることにより、証券化されたらどうなるか。ここに、原資産は、リスクとリターンという客観的な数字を軸に評価されるものとなる。すなわち、原資産が何であったかはどうでもよく、それが駐車場であれ、住宅ローン債権であれ、リスクとリターンだけ見ていればよいことになる。それらのビジネスリスクは、リスク格付けに集約されて評価されているから、個別の事情はもはや捨象してよいことになる。リスクとリターンへの標準化は、高度な数学モデルに基づいた金融工学により金融商品の価格を分析する上で非常に便利であるため、金融工学の発達と金融商品市場の発達は相乗効果で一気に拡大したのであった。

この証券化による金融市場の発展において、資産への投資リスクを本質的に変質させたのが、証券化にともなって起こった「商品化」であった。そこでは、原資産がどのようなモノであるかはどうでもよくなり、原資産ではなく、証券化によって新しく生み出されたかに見えるリスクとリターンのみにより表現される投資商品となった。実体により評価されていた資産が、結果としてのキャッシュフローだけで評価される商品へと変質したのである。

この商品化により、投資家層が急拡大した。原資産のままでは、原資産を精査し、評価できる投資家以外は、この資産を買う可能性がなかった。しかし、リスクとリターンという数字だけを評価すればよくなったので、あらゆる投資家が、この証券化された投資商品を買う可能性が出てきた。買い手を増やす、潜在的ニーズを掘り起こすという意味で、証券化は「商品化」に他ならず、素晴らしいマーケティング手法であった。

こうして、投資商品における投資家層の拡大、マーケティングの成功は、需要の拡大、価格上昇に結びつくこととなった。それはブランド物の衣類やバッグなどの普通のモノである商品と全く同様であった。実際、有力投資家が投資を行い、証券化された投資商品の価格が上がり始めると、潜在的な投資家層は、証券化商品を買い始め、価格上昇トレンドは加速した。

原資産という実体がキャッシュフローの実績という結果の数字だけで評価される商品となったのと同時に、証券化はリスクの変質をもたらした。原資産から生じると期待されるキャッシュフローの将来における不確実性というリスクから、この投資商品が将来、望む価格で売れるかどうかというリスクに変質した。すなわち、リスクの対象が原資産という実体から、他の投資家の動向という目に見えないものに変化したのである。いわば、他人の価値観が将来どうなるかというリスクに変質した。そして、他の投資家とは、集団としての投資家たちであるから、その動向とは市場における流動性であり、それは群集の動向に他ならない。つまり、リスクは、原資産という実体のリスクから、将来の投資家たちという群集の動きのリスクとなり、リスクがいわば「社会化」したのである。証券化による「商品化」がリスクの「社会化」をもたらしたのだ。

流動性リスクという名の社会化されたリスクは、実体リスクから乖離《かいり》する可能性が十分にある。それは、社会が群集として、経済実体から乖離した動きをしてしまえば、この群集のモーメンタムをとめることはできないからである。証券化され、リスクとリターンという数字に集約してしまった原資産の実体に、投資家の誰も関心がなくなっている以上、この乖離は必然化する。

しかし、実体から一旦引き離された証券化商品は、もう一度実体へ回帰しようとする。なぜなら、流動性リスクを減らすためには、最終的な買い手として他に転売しない投資家を呼び込む必要があり、そのためには、実体に基づき投資したいという堅実な投資家をも惹きつける必要があるからだ。

つまり、この証券は高く売れるから買っておこうという近い将来の売却益を望む投資家は、満期まで保有し続ける投資家の登場により、この金融商品の市場が、買いの連鎖に依存する不安定な状態から、安定した状態に移ることを期待するのである。

しかし、証券化商品のリスクが実体から乖離したままでは、このマーケティングは成功しない。そこで、格付け機関などにより、この投資商品のキャッシュフローという実体としてのお墨付きをもらうのである。

格付け機関などは、実際に得られるキャッシュフローという実体から評価し、この投資商品のリスクが限定的であるとして、投資可能であるという格付けを与える。つまり、一度商品化され、実体を失ったかに見えた証券に再度、実体を与えるのである。

　ところが、この与えられた実体とは、駐車場の将来の需要といったビジネスモデルのリスクを勘案した上での、原資産から生じる将来のキャッシュフローの可能性ではない。実体といっても、もともと存在した実体ではなく、リスクとリターンという数字だけで評価された実体なのである。そこでは、情報の詳細部分を欠落させ、数字という処理しやすい評価軸に凝縮し、矮小化した情報を大量に集めている。これを高度にコンピューター処理することにより、評価を行っているのだ。しかも、本来分析すべき将来のリスクの可能性でなく、過去の実績という、様々な可能性の中の一つに過ぎないが、実現したことで過度に説得力を持たされた現実の結果を基にして分析しているのだ。つまり、将来は過去の実績と同様であると判断しているのである。

　実体を失った投資商品に再度与えられた実体とは、実体から生じた結果の一部、そしてそのうち、情報処理をしやすいものだけに基づき、それを増幅させて作り上げた、非常に精度の低いクローンであった。よって、実体が与えられたかに見えるが、それは空洞化された実体なのである。一方、投資家たちもトリプルAという格付けに実体があるように意図的に錯覚することで、自己の投資を正当化しようとしたのである。

　実体があるように見えて、実際には実体のない、サブプライムローン債権証券化商品市場は、流動性の高まりから投資家の間で人気が沸騰し、価格は上昇を続けていた。これは、実体のない価格上昇、すなわち、バブルそのものであった。

次章では、このバブルをもう少し詳しく見てみよう。

第2章　リスクテイクバブルとは何か

サブプライムショック

前章で見たように、証券化の本質とは、リスクを変質させることである。その結果、リスクはリスクでなくなり、バブルが膨らむことになる。そして、その後バブルが弾けることになるのも、リスクが変質したことによる必然の結果なのである。

このリスクの変質によるバブルが現実のものとなったのが、サブプライムショックであった。すなわち、サブプライムショックの本質とは、リスクテイクバブルとその崩壊であったのだ。

リスクテイクバブルとは何か。それは、多くの投資家がリスクを求めてリスク資産に殺到し、それによりリスクがリスクでなくなり、結果的に彼らすべてが儲かることとなり、さらに他の投資家も含めてリスクへと殺到する状況を指す。リスクテイクバブルは私の造語であるが、本章では、これを、サブプライムショックを題材にとって分析することにしたい。

サブプライムショックとは、二〇〇七年八月、フランスの金融機関、ＢＮＰパリバによるファンドの解約凍結を発端に、世界の金融市場が大混乱に陥った一件を指す。これをきっかけに世界は金融危機に陥り、現在（二〇〇八年七月）も混乱を続けている。

各国政府、メディア、エコノミストたちは、サブプライムローンあるいは、証券化そのもの、そしてこれらをアシストした格付け機関を目の敵にして非難を浴びせている。しかし、世界で起きている金融危機は、サブプライムとは関係なく、このリスクテイクバブル崩壊のプロセスなのである。

3つの疑問

サブプライム関連の証券化商品（以下、サブプライム関連証券）に関して、冷静に考えてみると、いくつかの疑問が生じる。

第一に、サブプライムローンというリスクの高い債権を証券化した投資商品は、リターンに比べてリスクが高すぎるように見える。それにもかかわらず、このジャンク（くず）と呼んでもよいような投資商品に、欧米の投資銀行、ヘッジファンド、年金基金など、プロ中のプロである世界一流の投資家たちが殺到したのはなぜなのか。

第二の疑問は、世界一流の投資家たちによってバブルが生じることなどあり得るのか、というものである。サブプライム関連証券に多くの投資家が殺到した結果、価格が上昇し、バブルとなった。このバブルが弾けて大きな損失を出したのは、素人ではなく、投資家の中でもプロ中のプロだったのである。彼らはなぜ間違いを犯したのか。彼らがバブルを引き起こすなどということがありえるのか。

　第三の疑問は、たとえサブプライム関連証券がバブルとなり、そして崩壊したとしても、そんな米国の一部の証券化商品のバブル崩壊が、なぜ住宅関連にとどまらず、また米国国内にとどまらず、世界の金融市場全体に影響を与えているのか、というものである。

　これらの疑問に答えることが、サブプライムショック、そして世界の金融市場の混乱の構造解明につながる。本章と次章で、これを順を追って見ていこう。

投資の王道

　第一の疑問——なぜ世界一流の投資家が、サブプライムなどというジャンクなものに投資してしまったのか——に対する答えは、投資対象は、ジャンクでも何でも構わない、ということだ。投資対象の実体に関係なく、ともかく「儲かれば何でもよい」という下品な真理、実はこれが投資の王道なのだが、彼らはこの真理に忠実だったのだ。
　世界一流の投資家であればこそ、「実体」などという、投資の初心者やファイナンスの教科書が囚われている要素にはこだわらない。なぜなら、投資家が狙っているのはキャピタルゲインであり、彼らにとっては買った価格より高く売ることだけが目的だからだ。「実体」

が優良であっても、高く売れなければ、投資対象としては意味がない。したがって、「実体」はどうであれ、近い将来に高く売れる見込みのあったサブプライム関連証券は、絶好の投資対象だったのだ。問題は、なぜサブプライム関連証券が高く売れることが、ほぼ確実に予想されていたのか、ということだ。

サブプライムローン債権を証券化した商品とはどのようなものだったか。前章で見たように、サブプライムローン債権自体はリスクが高い住宅ローン債権である。これを再構成して証券化することにより、将来見込まれるキャッシュフローとそれに伴うリスクという形で、数字だけで表現できるようになった。この結果、リスクとリターンのみで表現される便利な債券として「商品」化されたサブプライム関連証券は、幅広い投資家の投資対象となったのである。

この過程で、サブプライム関連証券は値上がりを続けた。継続的な価格上昇をもたらした要因は3つあった。それら3つが相乗効果を上げて、価格の上昇という現象に正当性を与え、今後もそれが継続するという見通しに説得力を与えたのであった。

予測と現実の差

価格上昇の第一の要因は、予測と現実の差によるものであった。サブプライム住宅ローン債権は、事前のリスク予測とは裏腹に、実際には、ほとんど貸し倒れがおきなかった。たとえば、事前には貸し倒れる融資先が１００件に10件程度と予測されていたとしても、実際にはゼロだったということだ。貸し倒れリスクが現実世界では実現しなかったのである。

もともとリスクが高いはずのものだったので、事前には、この証券の価格はディスカウントされ、リスクの分だけ安く取引されていた。しかし、貸し倒れがかなり起こるだろうという悪いシナリオが実現しなかったため、事前に認識されていたリスクと関係なく、満額のキャッシュフローが、その証券を保有したことにより得られたのである。

たとえば、20億円の資金を有する投資家が、２０００万円の住宅ローンを１００人に融資したとする。そのとき、事前の段階で、平均的確率として１００人のうち20人が返済できなくなると予測していたとする。返済できなくなった場合には、担保の住宅を売って１軒当たり１０００万円回収できると考えていたとしよう。この場合の、投資家の損益の期待値は、利子率10％で貸して10年で回収すると考えていた場合、ごく大雑把《おおざっぱ》に計算して（１年後の１億円と10年後の１億円の価値は本当は異なるのであるが、そういう難しい複利計算は省いて考えると）、金利収入が毎年１・６億円で、10年間では16億円となる。貸し倒れにより、２億円の損失が出るので、合計14億円のプラスである。この結果、20億円が34億円になるので、複利計算を省略すると、年率７％で運用できることになる。

ところが、実際には、平均的な返済不能についてのリスク予測が実現せず、全員が返済したとしよう。この場合は、利子率が10％だから、年率10％で運用できたことになる。したがって、事前予想の７％と現実の結果の10％の差が、期待を上回る利益になるのである。

この事前の期待リターンと事後の実現リターンとの差はどこから生まれたのであろうか。貸し倒れになる人が１００人のうち20人出るという事前の予測は、平均的なものに過ぎず、実際には、貸し倒れ０人から１００人全員貸し倒れまで、すべての可能性がある。このうち、貸し倒れが０人という最も幸運なケースが実現したことにより、実現リターンが高くなったのである。

したがって、この例における、期待を上回る利益は、たまたま運が良かった結果に過ぎない。収益が10％ではなく、５％の可能性もあったのだ。すなわち、たとえば平均で７０００円当たる宝くじで、１万円が当たったと同じに過ぎないのである。

しかし、ここで重要なのは、今回のサブプライムローンのケースにおいては、この７％と

10%の利益の差は、単に運が良かったというだけではなかったことだ。なぜなら、10%の利益、すなわち貸し倒れが全く生じない、というケースが実現したのは、運ではなく必ずそうなるように仕組まれていたからである。

作られた住宅バブル

なぜ、貸し倒れゼロが必然だったか。それは、借り手が返済不能になった場合、担保の住宅を売却することにより、全額回収することが可能だったからだ。

なぜ全額回収できたか。貸し手が慎重で、貸し倒れに備えて担保価値の半分までしか貸さなかったからではない。それは、住宅市場が高騰を続けていたからである。住宅価格の高騰により、担保価値は上昇を続けるから、融資額が担保価値を下回ることはありえない。この結果、貸し倒れゼロが実現した。すなわち住宅市場のバブルにより、サブプライムローン債権は、利益を生み出していたのであった。これが、サブプライム関連証券が値上がりを続けた第二の理由である。

しかも、この住宅市場の高騰は、たまたまではない。事前に予想されていたのだ。なぜなら、第一に、ここ20年、米国不動産市場が下落することはなく、この10年間では、不動産価格が毎年目に見えて上昇していたからだ。この事実により、今後も上昇を続けることが多くの人々により期待されていた。ここでの「多くの人々」とは、サブプライム関連証券を買った投資家だけを指すのではなく、サブプライムローンの貸し手である住宅ローン会社や、その借り手も含まれている。こうしたすべての関係者が、住宅市場の継続的な上昇を予想し、その予想を前提として行動していたのである。

貸し手は、もちろん、住宅市場の継続的な上昇を予想していた。予想というよりも、それが大前提となって、住宅ローン会社のビジネスモデルが成立していたのである。サブプライムローンとは、信用力の低い借り手に融資するものであるから、普通に審査をすれば、融資できない。だからこそ、銀行など保守的な金融機関は、彼らに対して、これまで融資を行わなかった。その結果、サブプライムローン市場は、未開拓の市場として残されていたのだ。30年ローンなどといったものをサブプライムローンとして供与するのは理論的には不可能である。なぜなら米国は、雇用の流動性が高い経済社会であるから、誰も30年後の借り手の収入など予想できないからだ。したがって、借り手の継続的な収入を頼りに融資をすることは無理だったのである。

貸し手であるサブプライムローン会社は、最初から、借り手が給料などの収入に基づいて

30年かけて完済することなど、全く期待していなかった。では、どのように返済させようと思っていたのか。その方法は2つあった。住宅を売却させるか、あるいは、住宅ローンを借り替えさせて、繰り上げ返済により完済させるかである。

一方、借り手も、喜んでサブプライムローンの融資を受けた。以前は、信用力がないために融資を受けることができず、マイホームを持つことは夢でしかなかったからである。借り手は自ら積極的に、貸し手の望んだ繰り上げ返済による完済を行った。なぜなら、住宅価格の上昇により、買った値段よりも高く売却することができたからだ。ローン完済後、借り手の手元には利益まで残った。この利益を基に再度住宅ローンを借りて、以前よりも広い住宅を買うことができた。そして、買った住宅の担保価値は上がっているから、新しいローンは、前よりも多額のローンとなった。その結果、借り手にとっては、使える資金が増加することとなり、一方、貸し手の住宅ローン会社としても、融資が増加することになったのである。

では、売却せずに同じ家に住み続ける場合はどうだったか。住宅価格の上昇により担保価値が上昇しているから、ローンを借り替えることによって、こちらも以前よりも多額のサブプライムローンを組むことができた。こうして、現金が手元に残ることになったのである。

現金が手元に残ったといっても、実は、ただ借金が増えただけなのだが、借り手はお構いなしに、その現金を消費支出に当てた。大型液晶テレビなどの高級家電や新車などを買ったのである。

家を担保に借金してまでモノを買うというと、異常な消費行動に思えるが、住宅価格の上昇が継続するという前提の下では、不自然ではなかった。借金も増えているが、資産としての住宅の価値も上がっているから、住宅価格の上昇による資産の増加分を消費に回しても、将来困るとは思えなかったのである。

傍《はた》から見れば、借り手は30年間地道に返済を続けて完済するべきだ、と思うかもしれない。しかし、彼らがそうしなかったのは、堅実でなかったからではない。それが不可能だったからである。なぜなら、サブプライムローンは、当初の２、３年の間は、毎月の返済額は少額だが、その後、返済額が急増する構造になっていたからだ。サブプライムローンの借り手は、そもそも収入が少なかったり安定していなかったりして、普通の住宅ローンが借りられなかった人々である。したがって、当初の少額の返済額なら何とか払えても、返済額が急増した後は毎月払えるはずもなく、地道に完済する選択肢はなかったのだ。

非常識なサブプライムローンは合理的

こう考えると、一見、非常識なサブプライムローンも、実は極めて合理的であることがわかる。借り手としては、いずれ住宅の価格が上昇すれば売却するのだから、それを見越してできるだけ多額の借り入れをしたほうがいい。物件も、大きく、高額なものほどよい。その分、売却時の利益が大きくなるからだ。しかし、自分の定期的な収入は少ないので、できるだけ毎月の返済額は少ないほうがいい。このように、少ない返済額で、できるだけ多額の借り入れをする。これが儲けるコツだったのだ。

住宅価格がどうせ上がるのだから、サブプライムローンの将来的な多額の利子負担などは二の次である。なぜなら、住宅ローンを満期まで地道に返済し続ける可能性は、実際にはないからである。だから、3年後に毎月の返済額が急増する可能性など気にならない。その返済額は、契約書には書いてあるかも知れないが、実際には起こらないことなので、関係ないのだ。

もちろん、借り手のこの選択は、住宅価格が上昇し続けるという確信に基づいたものであり、それが外れる場合を考えると、極めてリスクが高いものだった。しかし、外れるシナリオなど誰も考えなかった。実際米国では過去10年、住宅価格の下落は起きなかったし、そもそも、そんなシナリオのことを考える臆病者は、サブプライムローンなど借りようとしなかったからだ。

つまり、貸し手も借り手も、住宅価格の継続的な上昇に依存したビジネスモデルやライフスタイルを確立していたのである。しかし、それは、住宅ローンとは名ばかりのギャンブルに過ぎなかった。ただし、それは貸し手にとっては、確実に勝ち続けるギャンブルであったはずだった。

勝ち続けるはずのギャンブル

なぜ勝ち続けるギャンブルと言い切れるのか？　それは、このビジネスモデルが、貸し手にとっては、そもそもギャンブルではなく、リスクなしで儲けることのできるものだったからだ。これが、サブプライム関連証券が値上がりを続けた第三の理由であった。

借り手は深く考えずに、住宅価格が上昇し続けるという過度に楽観的な確信を抱いて、自宅を買っていた。これは、ギャンブルそのものである。一方、貸し手は、ローン供与以外のところで利益を上げていたため、そもそもギャンブルなどしていなかったのだ。この貸し手にとってのビジネスモデルを、もう一度確認してみよう。

サブプライムローンを融資すれば、最初の2、3年こそ金利は安いが、融資契約時の手数料が極めて高いので、これによって、まず多額の収入を得る。そして、2、3年後には、借り手の返済能力を超えるレベルの返済額に切り替わるから、借り手は間違いなく、借り換えを行う。

その際に、借り手に別の家を買わせて自社で新しくローンを組ませれば、新規のローン獲得となる。家を買い換えずに、同じ家のまま別のローンに切り替えさせるときでも、どちらの場合でも、旧いローンに関しては、繰上げ返済時に多額の手数料が入る。また再度の借り入れによる新しいローンからも、借り入れ時に多額の手数料が再び入ってくる。もし、万が一、借り手が借り換えをしなくても、高金利の利子を返済してくれるわけだから、いずれにしても、貸し手には大きな利益が入ってくる仕組みになっていた。

さらに、ローン会社は、住宅販売会社と提携しており（要はグルになっており）、住宅販売会社からも手数料（キックバック）を受け取っていた。住宅販売会社は、ローンが組めるようにしてもらわないと住宅が売れないから、サブプライムローン会社に全面的に協力した。

これらの収入により、万が一、借り手が返済に窮しても、それまでにかなりの額を手数料という形で実質的に回収していた。よって、それほど貸し倒れを心配する必要がなかったのである。

移民によるマイホームブーム

しかし、もっと本質的に、サブプライムローン会社が確実に儲かる仕組みが存在していた。それは、システィマティックにビジネスモデルの中に埋め込まれていたのである。これまで述べてきたサブプライム関連証券が値上がりを続けた第一から第三の理由は、すべてこのビジネスモデルから、必然的に生じてきたものだったのだ。

サブプライムローンの特徴は、これまで家が欲しくてもローンが組めないためにあきらめていたような人でもローンを組めるようにして、彼らが夢に見ていたマイホームの取得を実現したことである。この中には、移民も多く含まれていた。彼らに、住宅ローンを組めるようにしてあげることとは、社会的に大変望ましいことと思える。

一方、これを米国の住宅市場全体の現象として捉えると、新たな需要が突然追加されたということになる。通常は、住宅ローンを組ませて購入を促進しても、持ち家を売って住み替えるだけだから、住宅市場全体の需給バランスにはあまり変化がない。人口が増加したり、核家族化したり、あるいは、一人で複数の家を所有することでもない限り、住宅需要は伸びない。しかし、ここでは、新たな層が住宅市場に入ってくるわけだから、需要は急増する。需要が急増すれば、価格は必然的に上昇する。価格が上昇すれば、前述のサブプライムローンの返済メカニズムがうまく機能する。そこでは、ローンの借り手が、高騰した自宅を売却し、より広い家に移り住むことも可能であった。この場合は、より高額で住宅を購入するわけであるから、実質的に、住宅市場は拡大することになる。また、この過程において、繰り上げ返済や新規の借り入れの際の高額の手数料は、自宅が大きく値上がりしていた借り手にとっては、気にする必要がなかった。貸し手はこれにより大きな利益を得た。

したがって、貸し手にとっては、きっちり返済計画を立てて確実に返済してくれる借り手よりも、陽気に転売を繰り返す借り手のほうが断然望ましい顧客であった。そして、住宅建設会社と一体となって、新築の住宅を売りまくり、ローンを乱発していったのである。

自己増殖で作り出すバブル

この現象は、住宅バブルに群がる業者たち、という単なる図式におさまらない。彼らは、バブルに群がったのではなく、自らバブルを作り出したのである。

このビジネスモデルを実現したのがローン会社だった。ローン会社は、借り手の返済リスクのことなど考えず、住宅価格の上昇を見越してサブプライムローンを供与することにより、新規の顧客に住宅を次々と買わせた。その結果、住宅需要は急増し、価格が高騰することとなった。これにより、供与したサブプライムローンを回収するメカニズムを作り上げたのである。これは、一見、ずさんなメカニズムに感じられるが、実は、このずさんさこそが、このビジネスモデルの核なのである。つまり、ずさんな住宅ローンは、意図的にずさんに作られていたのである。

さらに、このビジネスモデルには、住宅市場バブルを自己増殖させるメカニズムが織り込まれていた。ローン会社のローン供与に関しては、自己資本の制約があった。それは、ローン会社の資本が、ローン供与の総額（資産総額）に対して一定以上の割合がなければならない、というものであった。しかし、この作られた住宅バブルに乗れば、その制約に縛られずにすんだ。なぜなら、利益が急増したので、それを資本に組み入れることができ、この増加した資本を元にローンの供与額を増加させることができたからである。ここでも、積極的なローン供与が利益を生み、この利益が元手となって、さらにローン供与を拡大、これがさらなる利益の増加もたらす、という自己増殖メカニズムが働いていたのである。住宅市場のバブルも自己増殖ならば、ローン会社の内部からの拡大も自己増殖なのであった。

また、ビジネスモデルそのものも資本増強に寄与した。前述したように、サブプライムローンでは、収益の多くが、長期の返済に依存するのでなく、ローン供与時の高額の手数料や住宅を販売したときに生じる住宅販売会社からの手数料（キックバック）から生じていた。すなわち、ローンを供与した瞬間に現金が入ってくる仕組みになっていたのである。これにより、利益による資本の増加が直ちに起こることになった。つまり、ローンを供与した瞬間に次のローンの元手ができあがるという、高速回転自己増殖メカニズムが成立したのだ。これらのメカニズムにより、資本は自動的に増強され、ローン供与の制約は外されていったのである。

この動きをさらに加速させたのが、証券化であった。前述の、利益をあげることによる資本の増加は、いわば分子の増加により、この制約を緩和させるものであった。その一方で、ローン供与額を減少させることにより分母を減少させて、資本比率の制約を緩和することも可能だった。証券化をすれば、この分母が減少したのである。

証券化とは、ローン債権をプールして組みなおし、別の投資家に新しい投資対象証券化商品として売り出すことであるから、この売却の結果、ローン会社の保有するローン債権は減少することになる。要は、資産を売り払ってしまって身軽になるということだ。こうなると、同じ資本額であっても、また新たな資産を保有することができるから、新しいローンを供与することができる。さらに、住宅価格が上昇し、証券化商品が高く売れる状況においては、この債権資産の売却により利益が出た。これにより資本が増加し、さらに貸し出し額を増やすことが可能になったのである。

話を整理すると、ローン債権を証券化し資産を減らすことによって、新たなローンを供与する枠を作り、このとき同時に、資産売却による利益を得て資本を増加させ、さらにローンを供与できるようになった。ここに、分母と分子、ダブルでのローン拡大メカニズムが、ビジネスモデルに埋め込まれることになったのである。

こうして、ローン会社は、住宅価格の上昇を生み出すメカニズムを内包したビジネスモデルを作り上げた。そして、バブルを起こすことによって、収益を爆発的に伸ばしていったのである。

情けは人のためならず

一九八〇年代に誕生したサブプライムローン会社は、九〇年代に多数乱立したが、何度か不況により再編がなされた。このとき、資本力のある会社が、資本力の乏しい会社を救済合併していった。しかし、それは何も仲間を助けるための行為ではなく、あくまで自己防衛のためであり、この産業自体の崩壊を防止するためであった。

なぜなら、同業他社が倒産すると、その会社のローンを借りている顧客も連動して破産してしまうからであった。そうなると、彼らが買い手として消えるだけでなく、彼らの住宅が売りに出され、買い手が一転売り手となる。その結果、住宅市場全体が突然、買い手超過から売り手超過となって、住宅市場バブルが一気に崩壊してしまう危険性があった。

同業他社が倒産すると、顧客が住宅の買い手から売り手に変貌するだけでなく、銀行や市場もサブプライムローン産業に対する見方を変える。融資を引き揚げたり、サブプライムローン関連証券を買わなくなったりすることで、サブプライムローン会社の株価が暴落する。その結果、増資ができなくなったり、様々な余波が広がることは必然であった。すなわち、各所に埋め込まれたバブル増幅システムの各パーツが次々に壊れ始め、システム全体が一気に崩壊する可能性があったのだった。

したがって、二〇〇六年後半からの住宅価格のピークアウト、二〇〇七年三月のサブプライムローン会社の破綻は、まもなく、この産業におけるバブル生成とその増幅メカニズムが崩壊することが必然であることを示唆していたのであった。

自分でバブルを作り、そのバブルに乗って儲ける。これは、古今東西のバブルにおいて常に観察される事実であり、サブプライムローンバブルも例外ではなかったのである。そして、一体となって成立していた、このサブプライムローンバブル及びそれによる住宅バブルは、さらに深遠なるリスクテイクバブルを生み出していったのである。

第3章　リスクテイクバブルのメカニズム

リスクテイクの価格とは何か

前章では、サブプライムショックの本質としてのリスクテイクバブルを議論した。本章では、それを一般化してみよう。

リスクテイクバブルとは何か。それは、リスクを取ること（＝リスクテイク）に、皆が殺到し、バブルになっている、というものだ。バブルとは、一般的には、価格の継続的高騰とその後の急激な暴落のことであるから、リスクを取ることがバブルになるためには、リスクテイクの価格が高騰しなくてはいけない。では、リスクテイクの価格とは、何だろうか?

正統的なファイナンス理論において、唯一確立している真理は、「リスクのあるところにリターンあり」という法則である。逆にいうと、「リスクなければリターンなし」、「ただ飯は食えない」、ということだ。

すなわち、投資をするということは、リターン、つまり利益を求めているのだが、この利益は、何らかの犠牲なしには得られない。リターンを得る対価を払わなければならないのだ。その対価が、リスクである。つまり、リスクを取った者だけが、リターンを得ることができるのだ。

「これまで日本人はリスクを取ってこなかった。だから1500兆円もの金融資産が、安全資産の預金や国債に滞溜しており、経済が成長しないのだ。個人ももっとリスクを取って高利回りを目指すべきだ」

最近は、このような議論がなされることが多い。では、リターンを得るためにはリスクを取る必要があるということについて、具体的に考えてみよう。

リスクテイク価格の上昇：社債の例

たとえば、日本の銀行に定期預金して、1％の利子がつくとする。一方、ニュージーランドドルで外貨預金をすれば、為替手数料などを払った上で、利子が8％得られるとする。

両者では7％もの利子の差がある。これでは日本の銀行の預金者のすべてが、全財産を円預金からニュージーランドドル預金に移し替えてもよさそうであるが、実際にはそうはならない。

なぜなら、7％という追加のリターンを得るためには、為替差損、すなわち、ニュージーランドドルが円に対して、将来大幅に安くなるリスクを受け入れる必要があるからだ。日本では、このリスクを取りたくない人が大半であるため、全員がニュージーランドドルに預金を移すことにはならない。

このケースでは、為替差損というリスクの対価（＝リスクテイクの価格）が、7％の追加リターンということになる。多くの人は、これでは十分でないと考えるから、預金を移すことはない。

つまり、「リスクテイクの価格とは何か」という問いに対する回答は、「リスクを取ることによるリターンの水準（レベル）」ということになる。

では、リスクテイクの価格が上昇するのはどのような場合だろうか。それは、以前と比べて、リスクに見合ったリターンのレベルが低くなることである。逆にいうと、リターンの水準に比して、取ることになるリスクが高くなりすぎる、ということだ。

たとえば、ここに、100％安全な利率1％の銀行預金と、リスクのある利率2％で満期1年の社債A（額面100円）があるとする。そして、この社債Aは、将来紙くずになる確率が5％あるため、市場では当初90円で取引されていたとしよう。

この場合、100円と90円の差の10円は、5％のリスクに対する対価ということになる。つまり、社債Aが紙くずになるようなことが5％の確率で起こらなければ、満期には10円の利益が出て、さらに2％、つまり2円の利子も得られる。この時のリターンは、90円で社債Aを買って、1年後には利子と元本あわせて102円が戻ってくるから、ほぼ13％となる。

つまり、5%のリスクの対価が、13%のリターンである。

ところが、社債Aの人気が沸騰するとどうなるか。買いが殺到しているにもかかわらず、既に発行されている社債Aの発行額は増えないから、需給により価格が上昇することになる。このとき、90円だった社債Aが95円に上昇したとしよう。この場合は、1年後、無事に元本が返還されたときには、95円が102円になっており、リターンは約7%となる。

ここでは、社債Aの価格上昇によって、期待されるリターンが13%から7%に低下してしまっている。これが、先ほど述べたリスクテイクの価格の上昇である。社債Aが5%の確率で紙くずになるリスクを取っても、7%しか利益が出なくなってしまった。13%の利益の時に比べて、リスクを取ることが、リターンに比して割高になったのだ。

このケースにおいては、「リスクのある社債Aを買うこと」がリスクテイクである。したがって、リスクテイクに人々が殺到するとは、社債Aに買いが殺到することであり、リスクテイクの価格が暴騰するとは、社債の価格が暴騰するということと同義になる。

さて、90円から95円に値上がりした社債がさらに高騰し、市場価格が99円になったとしよう。これでは割に合わない。5%の確率で紙くずになってしまうのに、利子は2%しかもらえないからだ。期待値は、102円×95%＝約97円であるから、99円で社債Aを買うと、平均で見て、2円損失が出てしまう。一方、100％の確率で1％の利子がつく定期預金であれば、99円預金すればほぼ確実に100円になる。

そうなると、社債Aを99円で買おうとする人はいないはずだ。買う人がいなければ、社債Aが99円になるようなことは理屈では考えられない。しかし、実際の市場で、このようなことが起きてしまったのである。

これは、普通のファイナンス理論では説明できない価格暴騰だ。経済学者もメディアも「説明できないバブル」と説明するだろう。彼らは、金融市場で説明のできない価格暴騰については、全て「バブル」という言葉を当てはめて済ませてしまっている。しかし、それでは、単なる思考停止である。まず、「バブルとは何か」という本質を解明する必要がある。

この社債Aの価格上昇はリスクテイクバブルである。そして、リスクテイクバブルにおいては、これまで明示的に認識されていなかったバブルの本質が鮮明に現れたのだ。

バブルvs.リスクテイクバブル

バブルの本質については、第4章以降で改めて詳しく分析するが、ここでは、「普通の」バブルとリスクテイクバブルとを比較することにより、一般には誤って理解されているバブルの本質に触れ、そして、リスクテイクバブルの特徴について議論したい。

バブルにおいては、まず、何らかの理由で、その資産の価格が継続的に高騰する。この高騰の理由は何でもいい。二〇〇〇年のＩＴバブルのように、ＩＴ技術の進歩という実体があるものをきっかけとしてもいいし、日本で二〇〇三年から二〇〇五年に起きた、株式分割バブルのように、実体を全く伴わないものであってもよい。

株式分割バブルとは、企業の実体に何の変化もないのに、株式分割をしただけで株価が一時的に高騰した現象を指す。たとえば、１株１００万円だった株を10株に分割すると、実質的には何の変化もないので、新しい株は１株10万円となるはずなのだが、現実には、新しい株が１株10万円でなく、20万円や30万円になってしまうこともあった。これは、日本の新興株市場で実際に起きた現象で、投資家の間では大きな話題となった。

つまり、バブルが発生するときには、ＩＴバブルのように経済実体にかかわるきっかけがある場合と、分割バブルのように経済実体と関係なく起こる場合とがある。すなわち、資産価格の急激な高騰に必ずしも合理的な理由があるわけではない。これがバブルの第一の特徴である。

では、何がバブルを膨張させるのか。それは、「バブルであること」である。つまり、いったんバブルになってしまえば、バブルとなっているそのこと自体がすべてなのだ。そこでは、価格の上昇が需要を呼び、これが価格の高騰をもたらす。そして、さらなる需要の増加につながり、価格がさらに高騰する。バブルにおいては、この循環が本質であって、価格高騰が起きた最初のきっかけはきっかけにすぎない。バブルに理由は要らない。バブルはバブルであることが重要なのだ。これが、バブルの最も重要な特徴であり、バブルの本質である。

これは、東京大学教授の岩井克人氏が論じる、貨幣は貨幣であるから貨幣である、という自己循環理論と同じである。なぜ、貨幣が貨幣となりえたのかはわからず、あるモノが貨幣として選ばれた決定的な要因が何であるかは明確に説明できない、という点も、貨幣とバブルで共通なのである。

現在は多くの国で紙幣が貨幣として流通しているが、なぜ、紙が貨幣となり得たのか、その決定的な理由はない。かつては金《きん》が、あるいは、貝殻や石が貨幣として選ばれたが、なぜ他のモノでは駄目だったのか、という説明はできないのである。それは、自己循環理論の外、すなわち、論理の外から持ち込まなければならない。すなわち、貨幣は、それが貨幣であると人々が信じてしまえば、貨幣となり得るのであり、決定的な理由はないのである。

バブルもこれと同じで、なぜバブルになったのかは、論理的には説明できない。ＩＴバブルでは、人々がＩＴの可能性を信じることが重要であった。このときは実際にＩＴ革命が起きたのだが、仮に起きなかったとしても、人々がＩＴの可能性を信じさえすれば、ＩＴバブルは起きたはずなのだ。つまり、実体が存在したこと自体は重要でなく、バブルの生成に、実体の存在が不可欠なわけではないのである。言い換えると、バブルの生成に多少の理由は存在するが、必然的な論理はないのである。

しかし、リスクテイクバブルは違う。そこには論理がある。構造的に生成される必然性があったのだ。

リスク評価：誤った者勝ち

先ほどの社債の例に戻ろう。社債Ａは、5％の確率で紙くずになる可能性があった。しかし、残りの95％の確率で、この悪いシナリオは実現せず、無事に元本と利子が支払われることになる。したがって、社債Ａを買った人は、元本が返還されるまでは、非常に不安であるが、ほとんどの場合、1年後に、それは杞憂《きゆう》に終わる。90円で買った場合には、１０２円が返ってくるから、13％の利益が出る。もちろん、この利益は、リスクを取った対価であるから、純粋に得をしたわけではない。いわば「不安の対価」である。ただ、買った本人にとっては、13%の利益が出たのだから、満足である。

この結果は、慎重を期して社債Aを買わず、利率1%の定期預金に預けた人から見るとどう映るか。リスクを取って社債Aを買った人は、資産が13%増え、リスクを取らなかった自分は、資産が1%増えただけである。慎重に行動した結果だから、この差など気にしなければいいのだが、やはり気になる。どうしても、次は自分もこの社債を買ってみようという気持ちになる。この結果、社債Aを買いたい人が増え、価格は95円まで値上がりする。

社債Aが95円となった場合も、90円のときと同じである。つまり、5%の紙くずリスクが実現しなければ、またもや、リスクを取って社債Aを95円で買った人は7%増え、買わずに定期預金に預けた人は1%しか増えない。こうなると、買った人をうらやむ人がさらに増える。彼らは「社債Aにはリスクがあって危険だといわれていたけど、本当なのか。全くリスクが実現しないじゃないか。これでは買った者勝ちだ。もう13%、7%というわけにはいかないが、1%に甘んじているよりはましだ」と思うようになる。そして、いまさらだが、この段階で買う人が急増する。すると、社債Aの価格は99円にまでつり上がる。

額面100円の社債Aを99円で買うのは非常に愚かに見える。99円で買ったのでは、元本と利子も含めて3%しか増えない。しかもそこには、5%の確率で紙くずになるリスクは含まれていないから、期待値で考えると、銀行預金で1%の利子を確実にもらったほうがいいはずである。しかし、5%のリスクは現実には起きない、という前提に立てば、定期預金で1%もらうほうが愚かに見えてしまう。

今回も、5%の紙くずリスクが実現しなかったとする。この場合、99円で買った人は、3%しか利益は出ないが、それでも定期預金1%の3倍である。リスクを取らなかった人の利益の3倍を実現したのである。

さて、リスクを取らなかった人たちは、新しい時代の新しい金融商品を、怖がって買おうとしない臆病者というレッテルを貼られる。そんなレッテルを嫌がる人々、また、90円、95円、そして99円のいずれの機会にも買わずに後悔した人々は、いまさらながらに、社債Aを買おうとする。こうなると、100円でも買う人が出てくる。なぜなら、5%の紙くずリスクが実現しなかった場合、100円につき2%の利子がつく社債Aのリターンは、定期預金の利子1%を上回るからだ。

もちろん、これは理論上間違っている。5%の紙くずリスクが考慮に入れられてないからだ。リスクの難しいところは、真の確率が5%であっても、それを証明することはできず、過去の実績から推測するしかないことにある。このとき、過去にリスクが実現していなければ、希望的観測により、5％より低く見積もっても、それが正しくないことを示すことはできない。したがって、客観的には5％の可能性の現象であっても、1％だと信じることは可能であり、それに反駁《はんばく》する決定的な証拠があるわけではない。未来は過去よりも不確実であり、現実の結果は理論よりも多くを語るのだ。

これにより、社債Aの5％の紙くずリスクは無視され、100％安全な資産とほぼ同じ値付けがなされることになる。そして、この理論的に誤ったリスク管理を行った投資家に比べて、理論的に正しいリスク評価を行い、投資を自重して、この社債を買わなかった投資家は、リスクが実現しなかった結果として、現実の投資リターンで大きく負けることになるのである。

度胸vs.頭脳

しかし、投資の素人ならともかく、プロの投資家たちが、こうした基本的な理論上の誤りを犯すことはあり得ないように思える。しかし、実際には、プロであればプロであるほど、この誤りに陥っていたのである。

ここまで例として使われてきた社債Aは、現実世界の「サブプライム関連証券」に置き換えられる。これまでの議論は、全てサブプライムに関する議論だったのだ。そして、サブプライム関連証券を買っていたのは、すべてプロの投資家たちであった。つまり、投資のプロの多くが、基本的な理論に反する投資行動をしていたのだ。

しかし、彼らは、実際にはこの誤りに気づいていた。サブプライム関連証券はトリプルAの格付けを持ち、米国国債とほぼ同じ程度の極めて低いリスクしかない、という評価がなされていた。だが、これがリスクを低く見なしすぎであることは、プロの目には明らかであった。それにもかかわらず、プロたちには、この「似非《えせ》トリプルA証券」を買う理由があったのだ。

第一の理由は、社債Aの例で示したように、額面100円に対して99円で売られており、また同時に、安全資産（ここでは国債）の1%よりも高い2%という表面利率を持っていたことである。つまり、5%の紙くずリスクを承知しながら、このリスクが実現しない場合に、安全資産の1%よりも高いリターンが出る可能性があったからだ。99円で社債Aを買っても、リスクが実現せず、102円を得ることができた場合には、利回りが3%以上で、定期預金の1%の3倍以上であった。したがって、プロとしては、リスクを度外視して、これに飛びつかないわけにはいかなかったのだ。

なぜか。それは、プロにとって、目先、ライバルよりも高いリターンを上げることができるかどうか、ということが最優先だったからである。ライバルに勝つためというのが、リスクの高い似非トリプルA債券を買った最も重要な理由であった。

プロとはどのような人々か。プロとは、他人のお金を預かって運用している、金融機関やファンドにおける運用者のことである。彼らは、自分のお金を投資しているのではなく、顧客を説得して、他のファンドではなく自分のファンドにお金を預けてもらい、それを運用しているのだ。したがって、ライバルよりも高いリターンを上げて、顧客に継続的にお金を預けてもらうことがプロとして仕事を続けていく上で、最も重要なのである。

このとき、社債Aを早めに買ったライバルたちは、それぞれ13％や7％ものリターンを得ており、一番乗り遅れたファンドでも、99円で買って3％以上儲けている。一方、きちんとリスクを考慮して投資を自重したファンドの場合、リターンはたった1％となってしまう。つまり、1％しかお客のお金を増やせなかったが、ライバルは7％や13％増やしたことになり、これが致命的な結果をもたらし、ファンドは解散に追い込まれる可能性が高い。

なぜなら、お金をプロに預けている出資者たちは、ファンドの運用成績という結果だけでしか、そのプロを評価できないからである。出資者たちは、他の同じようなファンドと比べて、短期であっても、低いリターンしか出せないファンドからはお金を引き揚げ、より高いリターンを上げているファンドに資金を移すのである。

このような状況においては、プロのファンドマネージャーにとっては、ファンドが大きな損失を出して破綻するリスクも怖いが、顧客が自分のファンドからお金を全額引き揚げてしまい、ファンドが解散させられてしまうリスクも同じように怖い。ファンドマネージャーとして、市場から退場を迫られる、という点では、大きな損失を出しても、利益を出せなくても、全く同じなのである。つまり、リスクを取らなければ、損失が出ていなくとも、どうせ資金は出て行ってしまい、自分のビジネスは破綻してしまうのである。

したがって、リスクがあろうがなかろうが、表面利回りが高いものに手を出さざるを得ない。そして、ライバルがそうすればするほど、自分も同じことをしなければ負けてしまう。悪貨が良貨を駆逐するように、愚かで向こう見ずなファンドマネージャーが、賢明で慎重なファンドマネージャーを駆逐するのである。そして、賢明なファンドマネージャーは、駆逐されないように、愚かで向こう見ずな振りをするのである。

したがって、素人よりもプロのほうが、リスクを無視しなければいけないというリスクに直面しており、この罠に嵌《はま》るリスクが高い。しかも、リスクが不当に高いとわかっていながら、嵌らざるを得ないのである。

「資本と頭脳の分離」

プロの運用者がライバルに負けないため、結果的に、お互いに非合理的なリスクを取ってしまうという現象は、極めて現代的なものである。この要因は、現代金融市場の発達により、運用者と投資家が別の存在となったことにある。

一九世紀以降、株式会社が大型化して、資本家と経営者が別人となったのが、現代資本主義の成立であり、これは「資本と経営の分離」と呼ばれている。ここからの類推で、投資家と運用者の分業を、「資本と頭脳の分離」と呼ぶ。資本と頭脳が分離すると、頭脳たるプロの運用者は、頭ではわかっていても、顧客である投資家の将来の行動（すなわちここでは資金の引き揚げの可能性）に制約され、取るべきでないリスクを取ってしまうという罠に陥る。

すなわち、これが、先程の資金獲得競争のために、ライバルと同じく愚かで向こう見ずにも社債Aを99円で買って、これを短期に１００円で売ることを狙うといった投資行動をとってしまう構造的要因である。

一方、投資家としても、本来は儲けを最大化したいにもかかわらず、資金を預けた運用者

（頭脳）の本当の能力を見分けられないために、結果だけで判断することとなり、目的を達成できない。そして、儲けを最大化できないだけでなく、資本と頭脳の間の情報ギャップにより、本来であれば取るべきではない意図せざるリスクを投資家の側でも取ることになってしまう。

すなわち、社債Aを99円で買うようなファンド運用者の行動は、本来であれば投資家にとっても望ましくない。しかし、１週後に社債Aを１００円で売り、１週間で1％以上の利益を上げた場合、その利益が、愚かで向こう見ずな行動によるものか、それとも、高い運用能力からその結果を出したのかは判断が付かない。そのため、結局は、パフォーマンスという結果で全てを判断するしかないことになり、過大なリスクを取りがちなファンド運用者のファンドに出資してしまうこととなる。

この結果、「頭脳」たち、すなわち、ファンドマネージャーたちは、取るべきでないリスクを過大に取ってしまい、これにより金融市場全体で、リスクテイクが過多になってしまう。これは、まさに、個々の合理性を追求しても、全体ではおかしなことが起きてしまうという、合成の誤謬《ごびゅう》である。この誤謬は、投資家と運用者の間の情報ギャップと潜在的な相互不信（結果が悪ければ信用できず資金を直ちに引き揚げる）という構造の下《もと》で、運用者同士が、資本の受託をめぐって争うというメカニズムから来ており、まさに現代金融市場に特徴的な現象である。

個々人におけるミクロレベルでの意思決定は合理的であっても、市場全体をマクロ的に見ると、リスク過多となってしまっている。すなわち、合成の誤謬が起きているのであり、まさにリスクテイクバブルそのものが起きていることを示している。

個々人のリスクテイクが合理的であるにもかかわらず、合成の誤謬により市場全体ではリスク過多となっている。これが、リスクテイクバブルの第一の要素である。

しかし、これだけでは、リスクテイクバブルは極端に大きくは膨らまない。サブプライム問題におけるリスクテイクバブル及びその崩壊により、世界金融市場が混乱に陥った背景には、もう一つ決定的なメカニズムが存在した。それは、リスクがリスクでなくなるプロセスである。

リスクがリスクでなくなるプロセス

これは、第1章でも議論したプロセスである。証券化という、資産の「商品化」というマーケティングに成功したことにより、サブプライム関連証券化商品の市場に、より多くの投資家を引き込むことができ、多くの需要が生まれた。その結果、市場価格が上昇し、最初に投資した投資家たちは、この証券化商品を、新しく参入してきた投資家たちに高値で売りつけることに成功した。こうして、将来の返済額の不安定性というリスクを取ったはずの、サブプライム関連証券に投資した最初の投資家たちは、事業リスクを抱えずに投資のリターンを得たのである。

つまり、最初の投資家たちは、事業からの長期にわたる利益を得るために、この証券を長期間保有し続ける必要もなく、他人に売ることによって、その瞬間に利益を実現した。こうして、この証券投資においては、事業リスクがなくなり、他の投資家が買ってくれるかどうか、という流動性リスクだけを抱えることになったのである。

この場合のリスクは、事業そのもののリスクとは関係なく、将来どれだけこの証券に対する需要が生まれるかにかかっている。したがって、需要が増加し続け、最初に買った投資家が次の投資家に売ることができ、その投資家が次の投資家に売り……、という連鎖が続けば、この流動性リスクはなくなる。最後に買うことになる投資家を除き、皆売ることができるからだ。実際に彼らは、事業のリスクのある証券を、リスクなしで売買して利益を上げたのである。

したがって、先ほど、リスクテイクの価格が上昇していく過程について、社債Aを90円で買った人は13%、95円で買った人は7%、99円で買った人は3%という具合にリターンが減っていくことであると述べたが、それは半分の真理しか表していない。なぜなら、90円で買っても95円で買っても、流動性リスクがなく確実に売れれば、それで十分だからだ。

ここでは、利幅よりも、次に確実に売れるかということのほうが、はるかに重要である。価格は自分が買った価格よりも高ければ十分なのだ。確実に売れさえすれば、この投資は、ノーリスクでリターンが上がることになるのである。

これは、ファイナンスの教科書に書いてあることと異なる。教科書には、事業リスクのあるものに投資を行うことにより、そのリスクテイクに対する報酬としてリターンが得られる、と説明してある。しかし、ここでは、教科書と異なり、その事業リスクが、他の投資家に売ることができるかどうかという流動性リスクに姿を変えているのである。

だが、この流動性リスクは、将来、他の投資家が買ってくれることが確実であれば、もはやリスクではない。実際に、他の投資家が買ってくれれば、流動性リスクは消失することになり、リスクがリスクでなくなってしまうのである。

新しい投資家が、買い手として次から次へと現れる仕組み、すなわち流動性をシスティマティックに作り、リスクがリスクでなくなることが構造的かつ確実に起こるようにするシステム、それがサブプライムローン債権の証券化スキームであった。

これは、ねずみ講のスキームと同じである。そして、バブルとはねずみ講そのものであり、資産市場での売買そのものが、ねずみ講と同じ構造を持っているのである。バブルに最初に参加した投資家、あるいは作り上げた投資家は大きな利益を上げ、後からバブルに参加した投資家は、参加するのが遅れるたびごとに利益が減少する。そして、最後に参加し、転売を意図しない長期保有の投資家は、バブル崩壊の直撃を受けるのであった。

したがって、バブルの膨張・崩壊プロセスは、ねずみ講の生成、破綻のプロセスと同様の形態をとるのである。

投資機会を求めてさまよう資本

証券化することによって買い手が増え、需要が増大し、価格が上昇する。そうすると、最初に投資した投資家は、より高値で、次の投資家に売ることができるようになる。そして、この値上がりを見て、さらに投資家が流入してくる。この連鎖により、流動性は増大、価格は上昇し、この2つの要素により、さらに価格上昇の連鎖が続いていった。これがリスクテイクバブルの第二の要素、需要増大と流動性リスク低下による価格上昇の連鎖、すなわちリスクテイクバブルの膨張なのである。

この第二の要素が、「合成の誤謬」という第一の要素との相乗効果により、リスクテイクバブルを加速度的に膨張させた。すなわち、顧客から資金を預かっているプロの運用者たちは、リスクを認識していても、他の運用者と委託される資金の獲得競争をしていたから、リスクに対して意識的に不感症となり、リスクを無視してリターンをあげる必要があった。この合成の誤謬により、市場全体で過大なリスクが取られ、市場全体のリスクテイクの総量は過度に膨らんでいた。この状況の下に、第二の要素である「リスクがリスクでなくなるプロセス」が持ち込まれ、市場構造に組み込まれることにより、リスクテイクバブルは、無限に広がるかと思われるほど膨らんでいったのである。

リスクテイクバブルにより、リスクテイクの価格は上昇していった。これは、新たにリスクを取ることに対する、リスクテイクの報酬であるリターンの低下を意味した。しかし、一方で、これは過去に取ったリスクの対価が上昇することも意味した。過去のリスクテイクにより、投資した資産の価格は、リスクテイクが殺到する、すなわち買いが殺到することによって、値上がりしたからである。これにより、過去のリスクテイクはリスクなしに、大幅な利益を実現した。

しかし、これは、資本と頭脳の分離により生まれたプロの運用者を必ずしも幸せにしなかった。なぜなら、金融市場全体がバブルで膨らむことによって、すべての運用者の資産が膨張した結果、すべての運用者が利益を上げることになったため、ライバルに勝ったことには全くならなくなったからである。

そして、市場全体で見ると、大幅な利益の実現とは、全体の資本量の増大であるから、これは、運用者に委託される資本が増大したことを意味した。一方、投資先はそう簡単に増えない。この結果、資本市場全体で、より多くの資本がより希少となった利益機会を求めて世界中をさまようことになったのである。

これはどのような帰結をもたらすだろうか？　普通に事業に投資して、その事業リスク相応の事業利益を上げる投資機会は、これを求めて世界をさまよう資本の急増により投資し尽くされ、残った投資機会は急速に減少していった。こうなると、事業リスクを取って投資するのではなく、リスクをリスクでなくすプロセスに依存して利益を上げるしかなくなった。

そして、ほとんどの資本が、事業リスクを取らずに、リスクをリスクでなくすプロセスによって利益を上げるようになった。これらの資本は、市場全体の資本量の増大によって、更に大きな利益を上げていった。なぜなら、資本量が増大すればするほど、流動性が増大し、投資需要増大により、投資商品は高騰、同時に、流動性プレミアム増大による投資商品価格上昇も起きるからである。そして、さらにこのような資本は膨張していった。

最後は、転売を狙わない保守的な投資家ですら、このプロセスに参加せざるを得なかった。通常の債券投資や事業投資の機会が枯渇してしまったからである。したがって、年金基金などもサブプライム関連証券に大量に投資した。すなわち、先ほどの社債Aのような商品を99円や100円で買って保有することにより、3%あるいは2%の利回りを狙ったのである。

これにより、増殖を続ける金融資本市場は、転売せずに保有し続ける保守的な投資家を引き込むことに成功した。

ここにリスクテイクバブルは極まった。

バブルが極まれば、後は崩壊するだけである。

第4章　バブルの実態——上海発世界同時株安

バブルの定義

バブルとは何か？　その定義ははっきりしているようではっきりしていない。バブルはバブル、というぐあいに当たり前の言葉として、幅広く使われている。しかし、学問的には、バブルの定義ははっきりしない。

そのような一般的なバブルのイメージを形にしてみると、

「経済理論的に説明できない資産価格の継続的な急上昇とそれに伴う暴落という現象」

ということになろう。そして、そのバブルに関する一般的な認識は、

①バブルの最中には、皆、熱狂してしまって、誰もバブルがバブルであることに気づかず投資してしまう。

②バブルに投資することは明らかに失敗で、後で振り返って、バブルであることに気づいていれば投資しなかったのに、と後悔する。

③バブルは危険なものであり、賢明なプロの投資家は近づかず、素人が下手に手を出して失敗するケースばかりである。したがって、バブルの疑いがあるものには決して近づいてはいけない。

④バブルは危険で、経済に大きな被害をもたらすものであるから、社会としても、政府とし

ても、バブル潰し、再発防止に取り組む必要がある。これは困難ではあるが、時代の進歩とともに、金融市場の発達、金融知識の広がり、投資家の成熟が進み、バブルの発生頻度、度合いは時代を経て小さくなっていくし、制御することも徐々に可能になってくる。といったところである。

しかし、これらは、全て誤りである。

以下では、個々のバブルを分析することにより、こうした既存のバブルの定義、バブルに対する認識の誤りを解き明かしていく。そして、バブルとは本当は何か、その本質とは何かに迫っていく。

上海発世界同時株安

ここでは、二〇〇七年二月末に起きた、上海発の世界同時株安について振り返ってみよう。今となっては、サブプライムショックの前にその影がすっかり薄くなってしまったが、これは、中国株バブルが崩壊して、その影響が全世界を駆け巡った、といわれた事件だった。

まず、二月二七日に、上海株式市場が株価指数で９％下落するという大暴落となった。上海では、全ての銘柄の値幅制限が10％だった。すなわち10％下がると、いわゆるストップ安となり、それよりも低い値段での取引はできなかった。したがって、10％以上は1日には下がらないことになっていた。この状況で、市場全体を表す株価指数が9％下がるということは、ほぼ全ての銘柄が、このストップ安になっていたということだ。この値幅制限がなければ、15％や20％下がった銘柄も続出したはずである。その意味で、9％の下落とは、見かけ以上のインパクトがあり、一九八七年の米国でのブラックマンデーにおける22％の下落に近い、という解釈も可能なほどの衝撃的な暴落であった。

世界各国の株式市場も、このときに大きく下げた。二月二七日と二八日の2日間の下げ幅は、日本の日経平均株価が611円、3・4％、香港が4・2％、英国が4・1％となった。米国のダウ平均株価に至っては、二七日だけで416ドル、3・3％も下げたのである。

この世界同時株安について、当時、一般的には、上海市場の暴落が世界に波及したものである、と報道された。テレビのニュースは、これは世界経済に対する中国の影響力が高まったことの表れだ、と解説していた。そして、現在でも、この暴落については、当然のように上海発の世界同時株安と思われている。

しかし、これは誤りだ。

まず、上海市場の暴落は、世界同時株安の原因ではない。上海市場は日本時間の午前一〇時半から始まる。つまり、東京市場は上海市場と同時に開いているのである。それにもかかわらず、上海市場の9%の下げに対して、日経平均は同じ日に0・5%しか下げなかった。日本の株式市場における投資家たちは、上海の暴落には無関心だったのである。

さらに興味深いことに、上海市場と最も連動性が高いはずの香港市場ですら、上海市場に連動していなかった。香港市場は、日本時間の午後一二時から取引を開始する。上海暴落の二月二七日、香港市場全体の値動きを表すハンセン指数は、確かに1・7%下落したが、上海市場における9%の暴落に比べればマイルドだった。上海の下落幅が、実質的には20%前後だったとも考えられたことを鑑《かんが》みると、香港の下落幅は小さすぎたのである。そして、翌二八日に上海市場が反転し、4%上昇したにもかかわらず、香港市場は大きく下落し、前日よりも遥かに大幅な約2・5%の下落となった。このように、二八日には、上海市場と香港市場は全く逆の動きを見せた。双方の株式市場は全く連動していなかったのである。

そして、この二八日、世界中のその他の市場は全て下落していた。その内訳は、東京が2・8%、オーストラリアが2・7%、シンガポールが4・0%、インドが4・0%、英国が1・8%の下落だった。

すなわち、上海発の世界同時株安といわれている二月二八日の暴落は、実は、上海以外の

※出来高の目盛りは省略している。

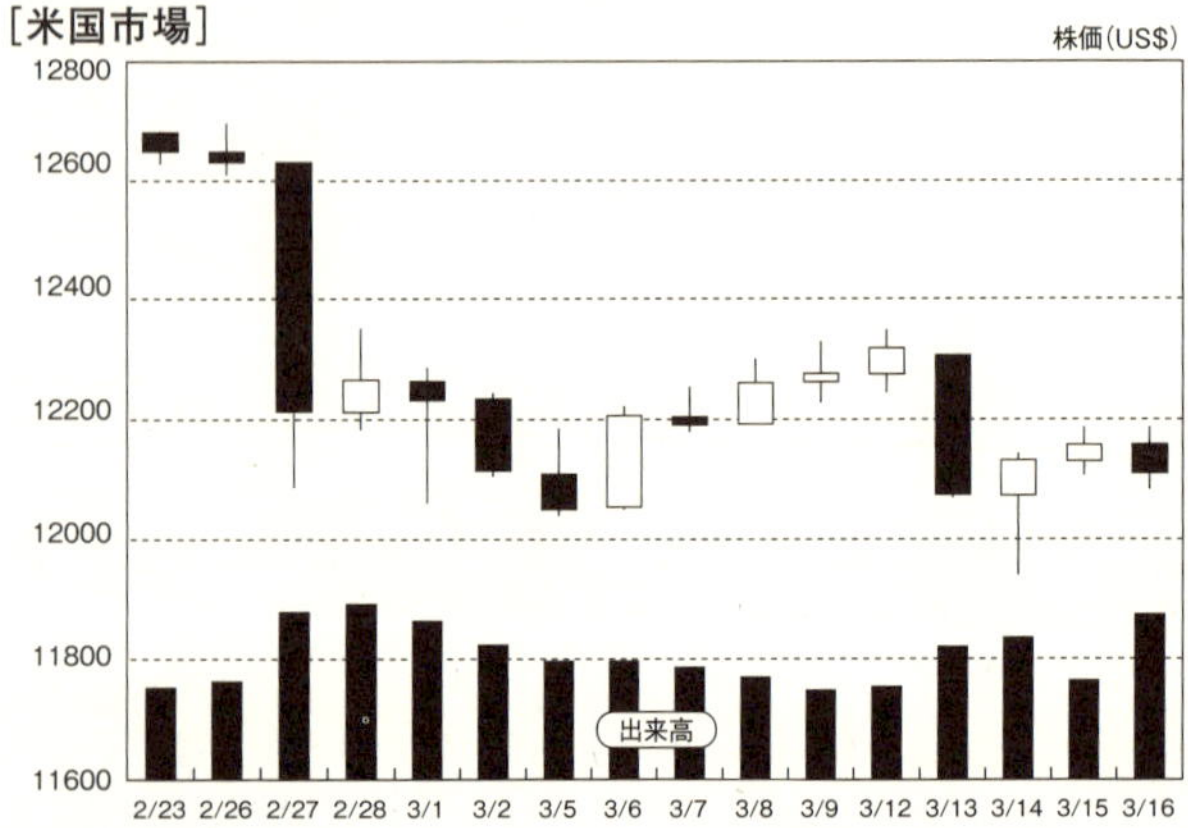

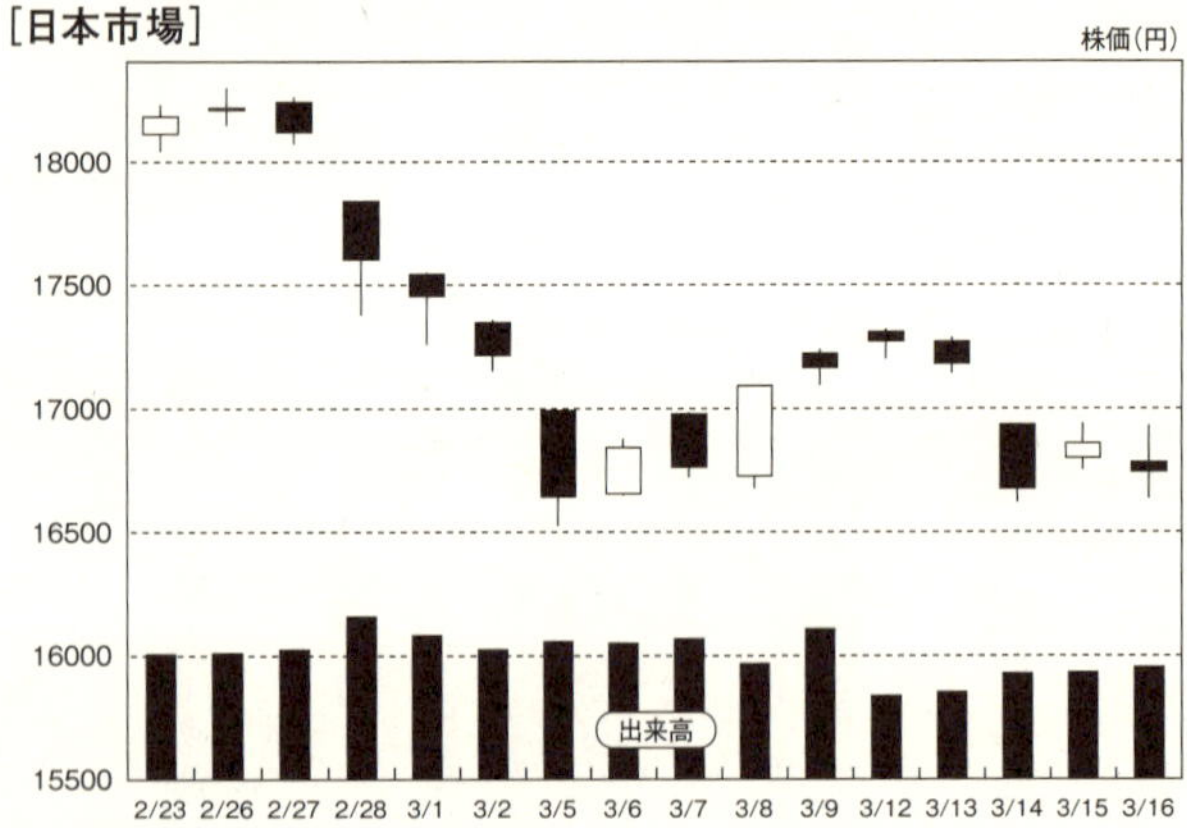

一日の取引時間内など、一定の期間内において
・黒いロウソク足(陰線)……始値よりも終値が安かったこと(前日比で下がったこと)
・白いロウソク足(陽線)……始値よりも終値が高かったこと(前日比で上がったこと)
をそれぞれ表す。

2007年2月23日～3月16日(上海発世界同時株安時)の株価チャート

[上海市場]

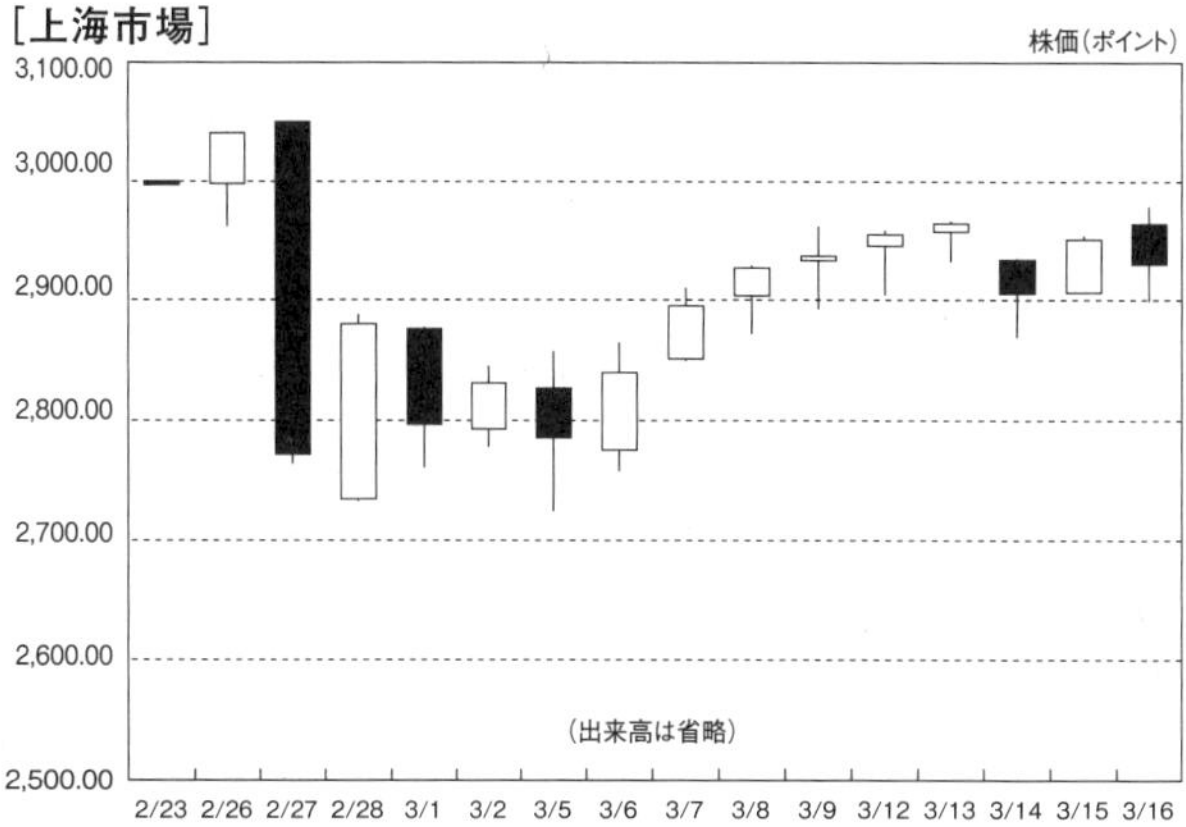

[香港市場]

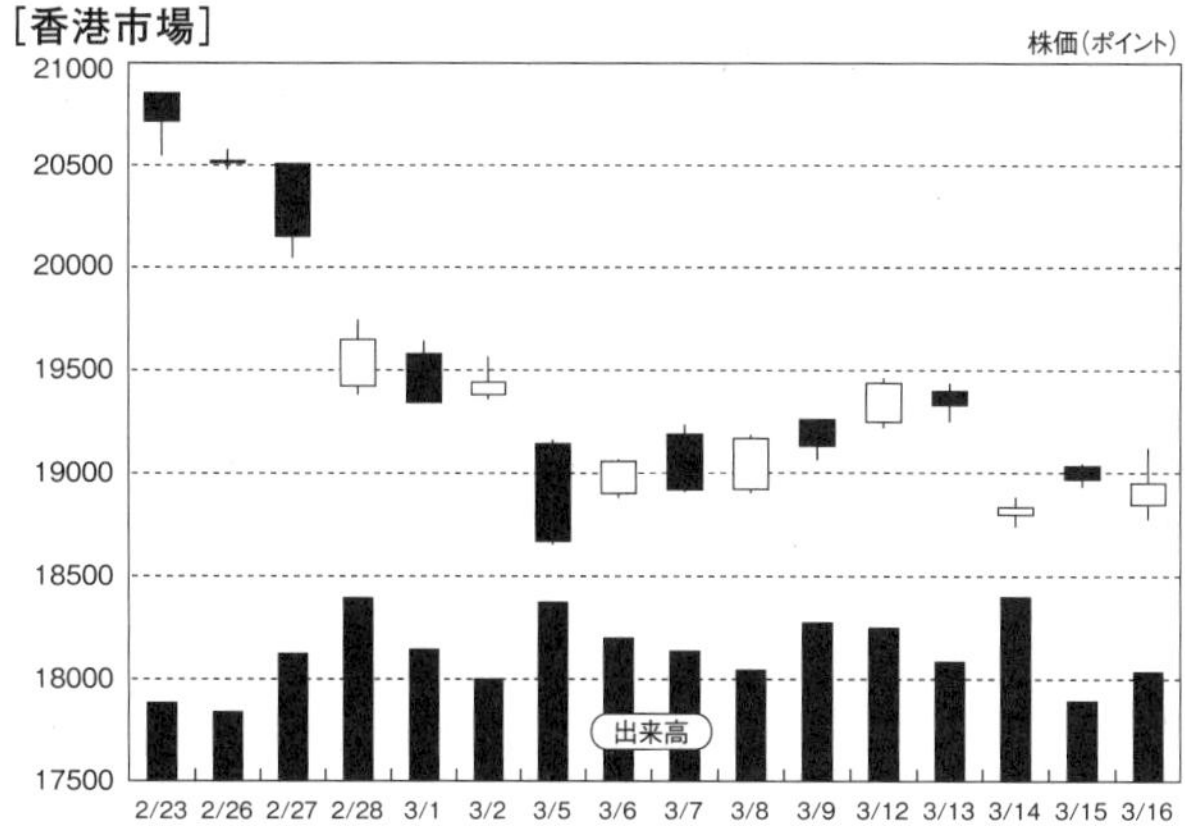

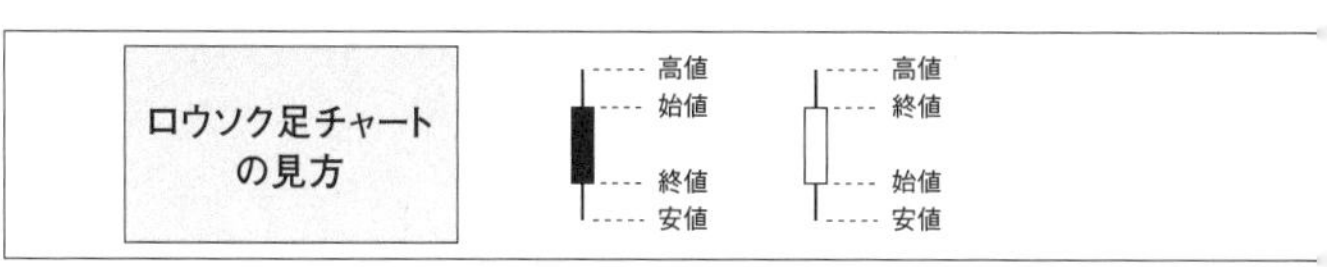

世界中の株式市場の暴落だったのである。

真相は米国発の暴落

なぜ、世界中の株式市場で、上海だけ逆方向に動いたのであろうか？ それはこの世界同時株安のきっかけが、上海でなく米国にあったからである。その証拠に、欧州市場も二月二七日に下げたが、その大部分は、ニューヨーク株式市場が開き、米国のダウ平均株価が200ドル以上の大幅下落となった後のことであった。ニューヨークの暴落を見てから、この下落に連動して欧州も暴落したのである。

この日、米国のダウ平均株価は、寄り付きで200ドル下げた後、引け際にかけて、さらに200ドル急落した。この引け際の下落の要因については、様々な説明がなされたが、はっきりした要因はわかっていない。しかし、下落の要因が何であるかに関係なく、ダウが1日で400ドルも下落したという事実こそが重要だった。この事実が世界中の投資家を恐怖に陥れたのである。

翌二八日は、まず日本の株式市場が暴落し、日経平均株価は516円下落した。他のアジア市場やその他の新興国市場でも、大幅下落となった。こうして世界の株式市場は一気に暴落の波に呑み込まれたのであった。

米国の暴落を起点に、世界の株式市場の動きを時系列で追ってみると流れがはっきりする。米国市場が開いた直後の、日本時間の二月二八日午前○時を起点に考えてみよう。この30分前に開いたニューヨーク市場では、ダウ平均株価が寄り付きで200ドル下落した。ただし、米国市場が開く前までは、英国をはじめ欧州市場も下落していたが、その下落幅はわずかだった。しかし、米国市場が取引を開始し、大幅下落したのを確認してから、欧州市場でも売りが殺到し、下落幅が拡大した。そして、二八日の日本市場における日経平均516円の下落は、すでに二七日の段階で上海の暴落を織り込んでいるので直接的にはこれに関係なく、米国ダウの400ドル暴落の影響によるものだ。そして、香港は、本来、多少は上海と連動するはずであるから、二八日の2・5％の下落は、同日の上海の上昇を打ち消すほどの、米国市場の暴落の強い影響によるものだった。

そして、その後、東京市場は4営業日連続で大幅下落し、日経平均株価は一時1万6532円まで下落、トータルで1683円、9・2％も下落したのであった。

このように、上海市場における暴落は、世界同時株安の本当の原因ではなかったのだが、上海発の世界同時株安という話が広まったことにより、皆が上海市場に注目するようになってしまった。そして、その後の市場では、上海が下がれば世界が下がる、という連想ゲームが頭に刷り込まれた。この結果、その後しばらくは、上海と世界の株式市場の価格がリンクするようになってしまい、上海と世界市場の連動は真実になってしまったのである。これこそ、本当の「うそから出たまこと」であった。

一旦、真実になってしまうと、それは一人歩きを始める。東京市場での取引は、その日の上海の動きを見ずに行うのはあまりに怖く、多くの投資家が、上海市場が開く一〇時半までは取引を躊躇《ちゅうちょ》した。そして、相場のムードは極端に悪化し、上海市場が下落すると、東京や他のアジア市場も連動して下落する一方、上海が上昇しても、東京および他のアジア市場は連動せず、上昇しない状況になってしまっていた。つまり、悪いニュースにだけ反応する、という典型的な悲観ムードに支配された市場となっていたのである。

円キャリー取引

世界同時株安の本当の原因は何だったのか？　前述したように、このときの市場は一斉に悲観ムードになり、売りが売りを呼ぶ展開となった。つまり、株価下落の大部分は、皆が売るから売る、という「売りスパイラル」による投売りの殺到によるものだった。では、皆が売りに殺到した理由は何だったのか？　上海の暴落ではないとすると、売りスパイラルを起こした本当の要因は何だったのか？

それは、いわゆる円キャリー取引を行っていたヘッジファンドなどが、パニックに陥っている投資家の投売りを誘発するために、売り浴びせを行ったことによるものであると推測されている。円キャリー取引とは、円建てで調達した資金を、世界中のリスク資産に投資する取引のことを指す。なぜこのような取引が盛んに行われていたかというと、円の金利がほぼゼロであるため、ほとんど金利コストがかからずに、円で資金調達ができたからであった。投資対象となった資産は、ニュージーランド、オーストラリアなどの高金利通貨、あるいは、原油、貴金属や希少金属などの資源、穀物などの商品が中心だったといわれているが、その他のリスクの高い資産にも幅広く投資されていた。それには、世界中の株式、債券、仕組み債などの高リターン証券、不動産なども含まれていた。

この円キャリー取引が、実際に、どれだけ広がっていたかについては、様々な議論がある。世界中の金融市場のバブルを作り、崩壊させたのは全て円キャリー取引だ、と主張する人々もいれば、円キャリー取引は幻想で、噂が広まっているだけで、実際にそんなものは存在しない、という人たちもいる。

しかし、ここでは、円キャリー取引が実際に存在したかどうかは重要でない。その当時、投資家たちが、円キャリー取引が行われている、と信じていたことが重要なのだ。

これは、世界同時株安の原因は何か、という議論と同じ構造である。すなわち、上海の暴落がきっかけか、それとも、別のきっかけかということは重要ではなく、世界中の株価が暴落した直後に、ほとんどの投資家が、上海の暴落が要因だ、と信じていたという事実が重要なのと同じだ。そこでは、実際の要因を離れて、皆が信じたストーリーが真実となったのである。信じていたことが真実になる、というのは、上海の暴落が世界中に波及したと皆が思えば、その後も同じ論理で株価が変動すると皆が信じ、実際に、その信念に基づいて取引を行うために、現実の株価の動きも結果的に上海市場の動きに連動する、ということだ。

「円キャリー取引の巻き戻し」についても、世界同時株安が継続的に進行していくと、実際のところがどうであれ、「巻き戻し」が起きているとほとんどの投資家は信じ込んだ。

この「円キャリー取引の巻き戻し」とは、円を借りてリスクの高い市場や資産に投資していた投資資金を引き揚げるために、資産を売却し、それを円に換えて（円を買って）、円で借りたお金を返すことを指す。したがって、「巻き戻し」が起こると、リスクの高い資産は売られるため、その価格が暴落する。その一方で円は買われるため、急騰することになる。

現実の市場でも、世界同時株安の際には必ず円高が急速に進行し、その一方で、高金利通貨であったニュージーランドドル、オーストラリアドル、そしてユーロは急落したのであった。

これは、世界同時株安が進行したときに、これが「円キャリー取引の巻き戻し」によるものと皆が思い、その結果、「巻き戻し」が起こったという前提で取引を行ったことによるものだった。すなわち、円高になれば、それは「円キャリー取引の巻き戻し」であり、それならば、円の買戻しにより円相場が上昇すると同時に、リスク資産への投資が引き揚げられるから、株価は下落するはずだ——。全ての投資家が、この連想を行い、皆が株を売り、実際に株価は下落した。その結果、二月末からの1週間は、株式市場と為替相場があまりに見事に連動することとなった。

なぜ上海株式市場バブルが崩壊したと信じたのか

一旦この流れが投資家の頭に刷り込まれると、為替が独自の要因で動いたとしても、それが株式を売る理由になった。つまり、円高が進めば、それがヘッジファンドによる仕掛けの（意図的に市場の流れを作ろうする）円買いだったとしても、その要因や背景は関係なく、全ての投資家が、株は売り、と反射的に反応した。こうなれば、ヘッジファンドは、為替が円高に、株式が（空売りをすることによって）株安になるよう、両方の市場で同時に仕掛ける。これにより、円高と株安を同時に進行させ、相乗効果によりスパイラル的に、円の急騰、株価の暴落を引き起こし、大きな利益を上げた可能性がある。

一方、このようなメカニズムで株式市場の暴落が進行した証拠のように、上海株式市場と世界株式市場との連動は、すぐに消失した。連動の噂が流れることもあったが、それは、ヘッジファンドが日本やアジアの株式市場を暴落させたいときに、彼らが意図的に流した話に思われた。

もともと、上海市場の値動きが世界の株式市場と連動するはずはなかった。なぜなら、外国人が上海市場に投資する際には規制がかかっており、上海市場における投資家のほとんどは、中国国内の投資家であったからだ。中国国内の大多数の投資家は、海外の株式市場には投資せず、中国国内の不動産市場か株式市場に投資していた。

一方、上海以外の世界の株式市場では、前述のヘッジファンドを始め、同じ顔ぶれのプレーヤーたちが世界のどの市場においても主要なメンバーだった。したがって、ある投資家が、投資資金を引き揚げるということは、それは必然的に、世界中で同時に株式が売られること、すなわち株安になることを意味した。

そう考えると、世界の株式市場が同じ方向に動くのは当然であった。上海市場が連動しないのも、投資家が異なるのだから、これも当然だった。

バブルからさらにバブる

世界が同時に暴落することには、やはり恐怖感があった。そして、恐怖感に煽られた市場は必ずオーバーシュートする。すなわち、極端に暴落し過ぎる。しかし、行き過ぎた株価は、必ず戻る日がやってくる。

二〇〇七年三月六日。その日がやって来た。円高が止まったことを受けて世界の株式市場は大きく戻すこととなった。世界同時株安のパニック売りが終了したのである。そして、ヘッジファンドの仕掛け売りもここで打ち止めとなり、暴落は止まって底を打ち、今度は勢いよく反転し、急騰していったのであった。

さて、この二〇〇七年二月末の上海発といわれた世界同時株安の事件から、我々は何を学ぶことができるだろうか。

まず、上海市場の暴落は、バブル崩壊とはいえない。上海市場は、二月二七日の寄り付きの３０４９ポイントを頂点に、三月五日には２７２３ポイントまで暴落した。しかし、この

1週間の暴落の後は、何事もなかったように上昇を続け、8ヶ月後の一一月一日には、6005ポイントまで上昇した。したがって、暴落は一時的で、上海市場は崩壊どころか暴騰したのであるから、バブル崩壊ではない。暴落直後から継続的に上昇し、8ヶ月の間に、倍以上になったものをバブル崩壊と呼ぶわけにはいかない。バブルが崩壊したのならば、市場は、その後、低迷を続けるか、あるいは本当に崩壊してなくなってしまうか、どちらかであるからだ。

ここで、興味深いのは、二〇〇七年二月末当時、多くの専門家が、上海市場バブルが崩壊した、と信じて疑わなかったところである。3000ポイントで既に明らかにバブルで、株価が高すぎるとほとんどの専門家が思っていたものが、その後、8ヶ月で倍になったのである。これは何を意味するのか。

一方、この事件は、上海市場のバブル崩壊ではなかったが、世界株式市場のバブル崩壊であった可能性を示唆している。なぜ、上海市場暴落などという、冷静に考えれば、世界の株式市場にほとんど影響を与えない事件をきっかけに、世界同時株安が起きてしまったのだろうか。

この2つの疑問を考えてみよう。

バブルは崩れてからがバブル

上海市場の二〇〇七年二月から一一月にかけての急騰から示唆される第一の点は、皆がバブルではないかと思うくらい上がりすぎたところから、さらに上がったのはなぜかということである。これを考えるときに重要なのは、何がバブルで何がバブルでないかを厳密に線引きすることは難しい、ということだ。とりわけ、割高だからといってバブルとは限らない、という点に注意する必要がある。経済実体から判断すれば、３０００ポイントでもバブルといいたくなるほど、高すぎる水準までに株価が上昇していても、その上昇が暴落につながるとは限らない。ここに、バブルのひとつの重要なポイントがある。つまり、バブルかどうか、あるいは、そのバブルが崩壊するかどうかについては、その価格水準自体は関係ないということだ。高すぎるか、あまりに高すぎるか、どちらであっても、それは必ずしも、直ちに下落することを意味しないということだ。

逆にいうと、高すぎるからといって、それをバブルと決め付けるのは極めて危険である。特に投資家にとって、これは重要だ。なぜなら、明らかにバブルであり、それが直ちに崩壊するのであれば、空売りをしたくなるからである。しかし、簡単に儲けられそうに見えるときというのは、いつでも危険なものなのだが、この場合も例外ではない。心に留めておくべき格言は、「バブルに歯向かってはいけない」。つまり、バブルはバブルであっても、いつ崩壊するかわからず、非合理的な水準、説明できない水準になっても、そこからさらに上がる可能性があるので、下がると思って投資するのは危険だ、ということだ。

面白いことに、ほとんどのバブルにおいて、一度崩れかけてから、再び上昇するという現象が見られることが多い。そして、崩れかけた後の上昇は、むしろ以前よりも激しくなることが多い。この急騰の後に暴落が訪れ、真のバブル崩壊が起こる、というのが典型的なパターンである。

このような動きとなる理由は、投資家の入れ替えが行われるからである。バブルが一度崩れかければ、その時、バブルの継続、すなわち、これ以上、上がり続けるかどうか自信の持てない投資家は売却してしまう。一方、一度崩れかけたところで買った投資家は、皆、異常に強気で、上昇が継続することを強く信じている。これは当たり前で、彼らはそのように強く信じているからこそ買ったのだ。このとき、その資産の保有者——別の言い方をすれば、将来の潜在的な売り手は、皆、極端に強気なので、誰も売ろうとはしない。ちょっと上がったくらいで売ってしまうのは、もったいないからである。したがって、売り手不在となり、価格は急騰することになる。

しかし、株価が上がり続けると信じて株式を保有している投資家たちも、株価が上昇することには自信があるが、いつ売るべきかについては自信がない。次に崩壊のサインが出れば、直ちに売却しなくては、と緊張感で身構えている。なぜなら、自分の投資行動が、バブルに乗って儲けようとしていることに他ならないことを認識しているからだ。彼らは、バブルに乗って儲けようとしている自分たちのような考えの投資家以外に、この株式を買いたいと思う投資家はいないことをよく知っている。この株式を今保有している他の投資家たちが売り始めて、一旦、価格が下落すれば、買い手が不在のため株価は一気に崩れて、売るチャンスを失うかもしれないことを十分認識しているのだ。

したがって、あまりに急騰するということが起こると、その時点で株式を保有している投資家は、今なら儲けを確定できると思い、早く自分の株を売ってしまいたいという衝動に駆りたてられる。そして、株式を保有している他の投資家も同じ衝動に駆り立てられていることを認識しているから、流れに乗り遅れないように、他の投資家の売買行動に合わせようとする。

このような状況での、価格の急騰は危険だ。もし誰かが売り始めたら、他の投資家も売り始める。売りが売りを呼んで、市場全体の投資家が一斉に追随して売りに殺到し、一気に価格が崩れる可能性がある。つまり、暴騰は暴落のきっかけとなりうるのであり、その結果、価格が少しでも崩れ始めると、一気に崩れることになるのである。

ここで、もうひとつわかることは、バブルにおいては、ほとんどの投資家が、それがバブルであることを認識しており、いつでも逃げられる態勢を整えているということだ。上海市場の場合も、3000ポイントのレベルでも、皆逃げの態勢が既に整っていたから、直ちに売ったのだ。しかし、まだ先があると思った投資家たちも多かったことから、この下落の時は、すぐに反転した。一方、この後、二〇〇七年一〇月から一一月にかけて6000ポイントの大台に乗った後の下落、とりわけ、二〇〇八年一月末以降の米国市場の暴落を引き金とするバブル崩壊のときは、もはやこれ以上、上がると思っている投資家はおらず、ほぼ全員が実際に逃げてしまったのだ。

一般的に不思議なのは、暴落が始まるぎりぎりまでなぜ待つ必要があるのか、ということだろう。そんな危ない逃げ方でなく、他の投資家がどうであろうと、先に逃げていればいいのではないか。実際、それが当然と考えるエコノミストは多い。

だが、それは間違いである。なぜなら、他の投資家よりも早く逃げてしまえば、大きな利益を上げる機会を失ってしまうからだ。バブルで儲けようとする場合は、大きく儲けなくては意味がない。したがって、大きな利益を得る機会を逸失するのは許されないのである。

上海市場を例にして考えてみよう。３０００ポイントで市場が崩壊したときに、崩壊直後の２９００ポイントぐらいのところで、うまく売り逃げたとする。しかし、その後、６０００ポイントまで上昇したのだから、資産を倍以上にする機会を逸したことになる。皆が乗っているときに降りるのは、宝の山を前に逃げ出すようなものだ。そうではなく、宝の山を持って逃げないといけない。その後の上昇局面において、５０００ポイントまで上がったときに売ってもいいし、６０００ポイントを頂点に崩れ始めたとき、いち早く５５００ポイントで売り逃げてもいいのだ。２９００ポイントで売ってしまうのとでは、雲泥《うんでい》の差がある。

バブルで儲けるためには、早い段階で逃げてはいけない。ぎりぎりまで頑張らないといけないのである。

世界同時株安の真犯人

では、２つ目の疑問、なぜ上海市場がきっかけになって世界同時株安が起きたのか、のほうはどうだろう。

世界同時株安は、そもそも前述したように、直接的なきっかけは上海市場の下落ではなく、米国市場の暴落によるものだった。

二月二七日の米国市場は、上海市場の暴落、それを受けてのアジア、欧州市場の下落を受け、まず寄り付きで、ダウ平均株価が200ドル下がった。しかし、問題は、引けにかけて、更に200ドル下げたことである。この更なる200ドルの下げ、あるいは、1日でダウが400ドル下がる、というインパクトにショックを受けて、翌日の欧州市場は暴落となったのである。

なぜ、ダウが1日で400ドルも下がったのか？ それは、米国市場のほとんどの投資家が、いつバブルが崩壊するか、不安にさいなまれながら投資を続けていたからだ。二〇〇七年二月まで米国株式市場は継続して上昇してきており、ほとんどの投資家が、ダウ平均株価はいつ崩れてもおかしくないと思っていたのである。

チャートを見ると、二〇〇六年七月のダウ1万683ドルを底に、翌〇七年一月末の1万2621ドルまで、継続的に上昇を続けてきていた。半年で18％の上昇であり、市場全体の平均を表す指標が、これだけ上昇するのはまれなことである。スピード感、上昇幅、共に上がりすぎと感じられるのも当然であった。こうした状況の下、何かのきっかけがあれば、上がった反動で急落する、と皆が思っていたのであり、そして、それが現実に起これば、すぐに逃げ出そうとしていたのである。

したがって、世界同時株安のきっかけは、上海である必要はなく、インドでも同じことだった。ベトナム株の暴落でも、きっかけとなることは理論的には可能である。しかし、実際には、ベトナム株の暴落では、やや迫力不足で、世界中の投資家が売りに殺到するきっかけにはならなかっただろう。ベトナム市場は規模が極めて小さく、ベトナムバブル崩壊というニュースでは投資家に恐怖感を与えないからだ。一方、中国株の暴落、これなら十分インパクトがある。新聞の一面トップにもなりうるニュースだ。しかも、上海の株式市場や不動産市場がバブル的な上昇を続けていたのは衆知の事実であったから、バブル崩壊という連想がすべての投資家、メディアに広がり、心理的なインパクトも大きくなる。バブルという言葉は、暴騰するにせよ、暴落するにせよ、皆大好きなのだ。

すなわち、上海市場の暴落という実質的にもローカルな現象が引き金となり、もともと不安定となっていた米国市場が動揺し、その動揺が、米国市場の暴落という事態を引き起こした。そして、米国市場の暴落は、世界中の株式市場に伝播し、世界同時株安となったのである。

この米国市場の暴落と、世界同時株安の理由は同じだった。すなわち、株式市場がもともとバブルになっており、それを誰もが知っていた、ということだ。米国および世界の株式市場はバブル末期の状態で、まともな投資家のほとんどが、売り逃げるタイミングを待ち構えていたのである。

バブルから逃げ出すきっかけは何でもよかった。上海市場の暴落は、それにぴったりの合図だった。もちろん、投資家には、本当に上海暴落を合図と受け取っていいものかどうか不安はあった。だから、米国市場のダウ平均株価も一気に４００ドルの暴落とはならなかったのである。欧州やアジアの暴落も、米国ダウ４００ドル暴落を見て初めて本格的なものになった。そして、合図を確定したのは、急速な円高であった。この円高の進行が円キャリー取引の終了を表しており、それが、世界中のリスク資産への投資の終了を促したのであった。

この局面において、個々の投資家はどう感じていたか。彼らは、逃げるタイミングを待ち構えていたが、利益を楽しみに待っている、というわけではなかった。ライバルである他の投資家を横目で見ながら、バブルの中でいつまで踏ん張れるか、最後まで残って、いかにライバルよりも利益を大きくできるかということに心身をすり減らし、バブルの崩壊の瞬間を見落とさないよう常に警戒し続けていた。そして、バブル崩壊のきっかけとなりそうな事件、特に、あらゆる市場での暴落に対して、異常に神経質になっていたのである。

ベトナム市場の暴落でも、緊迫感の下で不安感を増幅させるには十分であるが、それが、本当に世界市場の暴落に繋がるかどうかを知るには、さらなる観察を必要とする。上海市場の暴落も同様であった。これが世界市場の暴落に繋がるかもしれない、という危機感が世界中の投資家を駆け巡ったが、必ずそうなるかは、誰も確信が持てなかった。一方、これが、米国市場におけるダウ平均株価の４００ドル下落となると、バブル崩壊は確定的ということになり、全ての投資家が売りに殺到した結果、世界同時株安が実現したのであった。

米国市場は、前述のように、上海市場の暴落によりその日の寄り付きで２００ドル下がった。しかし、その日の引けにかけて少しでも下落幅を縮めるような動きになったら、米国市場はバブル崩壊とはならなかったはずだ。そして、その場合には、世界も全く動揺しなかったはずである。したがって、終盤のさらなる２００ドルの下落が、世界同時株安の本当のきっかけであり、真犯人なのである。

バブル崩壊における3つの要素

これで、バブル崩壊の構造の一部が明確になった。つまり、バブル崩壊が起きるのは、まず、それがバブルだからである。誰もがバブルであることを知っているから、一旦売りとなったら、全員が売りに回り、価格は一気に暴落する。これが第一の要素。そして、第二の要素は、バブル崩壊の合図が鳴ることである。つまり、これでバブル崩壊、というコンセンサスを得られる可能性があるイベント（事件）が起こることが必要だ。上海市場の暴落の場合、コンセンサスとまではいかなかったのであり、上海の暴落を受けた米国ダウの４００ドル下落、円高の急進となって初めてコンセンサスが得られたのである。バブルの終了の合図となるためには、上海だけでは不十分で、ダウの４００ドル暴落が必要だったのだ。

第三の要素は、市場全体のムードである。バブルが崩壊するには、これが悲観的であり、将来に対してネガティブであることが必要だ。ただし、将来というのは、「10年後の日本は人口減少で成長は望めない」とか、「オリンピック後の中国は10年にわたって停滞する可能性が高い」といった長期的な見通しに関する、来週や来月における市場の見方のことである。つまり、将来に関する市場のムードとは、来週や来月の市場の雰囲気が、将来について悲観的かどうか、今日の時点で予想されるもののことである。

何かのきっかけにより、一旦株価が暴落しても、それだけではバブル崩壊にならない。なぜなら、第三の要素がなく、多くの投資家が将来に対して楽観的であれば、暴落は買いのチャンスとなってしまうからである。これは極めて重要な事実で、多くのバブルにおいては、もはやバブルが崩壊しかかった、と見えても、そこから逆に、急激に上がることがある。むしろ、この反転は珍しいことではない。典型的なバブルは、一旦崩壊しかかってから急激に上がり、最後の花を咲かせるのだ。

前述したように、一度目のバブル崩壊で、バブルに乗っている投資家のうち弱気な人々は皆、保有株を売ってしまい、バブルから降りてしまう。その結果、バブルが一度崩壊しかかった資産を保有し続けたり、新たに買ったりしたのは、強気の投資家だけとなる。彼らは、下落した株価では絶対売らないから、その後、株価は上がるしかなく、急騰する。そして、そのときに市場全体のムードが楽観的だと、この時点まで、バブルに参加していなかった新しい投資家が買ってくる可能性がある。彼らは、バブルに乗り遅れて参加できず、もう少し価格が安ければ参加したいと思っている投資家たちだ。彼らにとっては、一度目の価格下落は、待ちに待ったチャンスである。彼らの参加により、一度目の暴落の後のバブルの復活的な価格上昇は、さらに加速するのだ。

したがって、バブルは一度目の価格暴落では崩れず、二度目以降の価格暴落で、本当に崩壊するのである。

この構造を、日本市場の動きに沿って考えてみよう。二月二七日の上海市場の暴落のとき、同日の日本市場は、上海暴落のニュースが伝わっても、日経平均で96円しか下落しなかった。一方、米国のダウ平均株価が400ドル暴落した後の二八日には、最大で737円、終値で見ても515円下落した。しかし、一般の投資家の間では、この暴落は、上海の暴落につられたもので、日本市場と経済実体的には何の関係もないため、絶好の買いのチャンスだ、という見方が多かった。その背景には、二月二七日の前日、日経平均が1万8300円台を付け、直近の最高値を3日連続で更新しており、短期的には強気相場だったことがあった。

しかし、前述したように、これは、上海発の連鎖的暴落ではなく、世界株式市場のバブル崩壊の第一幕であった。したがって、前述の第一の要素——ほとんどの投資家はバブルとわかっていたこと、および第二の要素——バブル終了の合図となる可能性をもった「事件」の発生、ここでは米国市場のダウ平均株価の400ドル暴落——と2つのバブル崩壊の要素が揃っていたので、絶対に買ってはいけなかったのだ。

しかし、買いに回った投資家がかなりいたことから、市場では、毎日不思議な動きが続いた。大暴落となった二月二八日ですら、日経平均株価の終値は最安値から222円も戻して終了していたのである。ここを絶好の買い場として、買った投資家も多かった。

崩れても崩壊しないバブル

三月に入っても同じような動きが続いた。一日は、朝の取引開始直後は、チャンスと見て買いが入り、下げ幅は限定的となって始まった。その後、大きく下落し、その日の日経平均株価の最安値は、前日比343円安の1万7261円となり、パニックは終わっていないことが示された。しかし、その後は再び上昇し、その日の終値は、最安値から大きく戻し、1万7453円となった。これは前日比151円安に過ぎず、最安値からは192円も戻していた。二日の金曜日も同様の動きだった。寄付きでの下げは限定的だが、その後大きく下げるという展開で、日経平均株価は一時300円近く下げた。

二月二八日、三月一日、二日の3日間、今日こそ買戻しのチャンスと考え、毎朝、買いを入れた投資家も多かったが、彼らは、日々、損失を拡大していった。そして、さらに日本市場の株価の暴落は続いたのである。

翌週月曜日の三月五日は、米国市場の大幅下落を受けて大きく下げ、225円安の1万6992円と1万7000円台を割り込んだ。そして、その後さらに暴落し、一時1万6532円と前週末比で685円も暴落、終値でも前週末比575円安となった。この日はさすがに、誰もが買う気力を喪失したため、引けにかけて上昇の気配を見せるという、この数日間に見られた動きはなかった。前週末に米国が暴落、世界同時株安は続いており、一連の世界同時株安は、一時的なものではなく真のバブル崩壊なのかもしれない、という認識がようやく広まり始めてきていた。二月二七日以降に新たに株式を買った投資家も、それ以前から保有を続け三月五日まで反転を願って投げ売るのを我慢していた投資家も、ほとんどの投資家が、三月五日には諦めて投げ売った。その結果、この日は下落幅が一段と大きくなり、同時に取引量も急増したのであった。

しかし、ここで面白いのは、このときは、本当のバブル崩壊とならなかったことである。この五日を底に、市場は反転していったのだ。

翌日の六日、日経平均株価は202円上昇した。そして、七日は144円上昇した後、下落し、前日比80円安となったものの、八日は326円高と大幅高となった。しかも、八日は、1日の中でも上昇基調が続き、終値が一番高くなっていた。さらに、九日金曜日、翌週の一二日月曜日も上昇を続け、五日の終値から1週間で、日経平均株価は合計で650円上昇したのである。二月二七日に始まった暴落は1週間続いたが、その後、急反転し、1週間継続的に上昇したのであった。

なぜ、このとき、真のバブル崩壊とならなかったのであろうか。前述のバブル崩壊における第一の要素と第二の要素は揃っていたが、第三の要素が揃っていなかったのがその理由だ。つまり、暴落直前までは、市場全体が超強気ムード、将来の株価に対してバラ色の未来を描いていたのであり、これがバブルの最終的な崩壊を食い止めたのであった。この時点でも、バブルであることは認識されていたが、それがここで終わるとは、まだ誰も心の底からは信じていなかったのである。

心の底からの恐怖感、それが襲ってくるのは、まだ先のことであった。バブル崩壊には、必ず逃げ場が何度かあるものだが、ここは、第一の逃げ場であった。この三月六日からの反転で逃げることもできたのだ。しかし、ここで逃げては、利益を取り逃がすことになり、ライバルに相対的に負けてしまう。六日以降の上昇により本当のバブル崩壊は先送りとなったから、ほとんどの投資家は、再びバブルに乗って、もう一度儲けようとしたのである。なぜなら、次の暴落、すなわち、真のバブル崩壊は、このときの暴落に比べて、とてつもなく激しいものとなり、全ての投資家が恐怖に襲われることになるとは、彼らもまだ想像できていなかったからであった。

さて、次の章では、この真のバブル崩壊のプロセスを見てみることにしよう。そこでの様々な現象を分析することにより、本章で分析した次のステージであるバブル崩壊の構造、および、バブル崩壊の過程における恐怖感が作り出す市場のダイナミズム、そして、その奥にある市場の本質を解明することを試みたい。

第5章　バブル崩壊①——サブプライムショック

バブル崩壊と投資家の動き

バブル崩壊は怖い。

その崩壊のスピード、それによる市場の混乱、そして、何よりも投資家のパニック、いずれも凄まじいダイナミクスを見せる。投資家は、心理的な動揺、後悔、自己嫌悪、現実逃避、そして、容赦なく襲ってくる借り入れへの返済要求、清算に直面する。それにお構いなしに、市場は暴落を続け、さらに激しさを増す。

本章では、バブルが崩壊するプロセスにおける市場の動き、及びそれに動かされ、そしてそれを動かす投資家の心理、行動を分析することにしよう。分析の題材としては、本書の中心的トピックの一つであるサブプライムショックを外すわけにはいかない。

サブプライムショック発生

サブプライムショックは、二〇〇七年八月九日木曜日に起きた。

この日、欧州時間の夕刻、フランス系のＢＮＰパリバが、サブプライム関連証券市場の混乱から傘下の３つのファンドの解約を凍結した。これがきっかけとなり、欧州銀行間で短期資金が調達できなくなり、流動性危機が起き、ショックが世界を駆け巡った。

しかし、サブプライムローン問題（以下、サブプライム問題）自体は、以前から認識されていた。二〇〇六年一二月には、中堅のローン会社が相次いで新規融資を停止した。二〇〇七年二月末の上海ショック直前には、ニューヨーク市場では、サブプライム・メルトダウンという言葉が流行《はや》った。サブプライムローンのリスク指標が悪化し、金融株が大幅下落したからだ。上海ショックで米国株が大きく下がったのは、実はサブプライムが要因で上海はきっかけに過ぎなかった。

さらに、二〇〇七年四月には、サブプライム専業最大手のひとつニュー・センチュリー・ファイナンシャルが倒産した。したがって、サブプライムローンが破綻すること自体には、何の驚きもなかったはずだった。

しかし、米国の住宅市場の問題であるサブプライム問題が欧州の金融機関にまで波及したことは、大きな驚きであった。このことは市場にもショックを与え、世界中の株価が暴落した。欧州の中央銀行は、大量に短期資金を供給し、二〇〇一年の米国同時多発テロ事件以来の供給水準となった。

米国市場の暴落（八月九日〜一五日）

八月九日の米国市場は暴落で始まったが、その後、買い戻される場面もあった。しかし、引けにかけて再度急落し、ダウ平均株価が387ドル下落した。これを受けて、一〇日のアジア市場も、香港2・9％、日本2・4％と暴落した。そして、この暴落の連鎖は、地球を一周し、BNPパリバショックの震源地である欧州市場に、衝撃が増幅されて再び襲いかかり、英国は3・7％の大幅下落となった。一方、これらを受けた一〇日の米国市場も、大幅下落となったが、引けにかけては戻し、前日比では小幅マイナスで終わった。

しかし、この暴落はプロローグに過ぎなかった。世界の金融市場が真の恐怖に包まれたのは、その翌週だった。

米国市場は、一四日火曜日に大幅下落、一五日水曜日は大暴落となった。前週の木曜日と金曜日の乱高下の後だけに、それは恐怖感を持って迎えられた。火曜日の下落から、水曜日は反発すると期待されたにもかかわらず、その望みを断ち切るような暴落だったから、衝撃は倍増した。

翌一六日木曜日の朝は恐怖感に包まれていた。その恐怖感が異様な乱高下を生み出した。火、水と2日間大幅下落が続けば、木曜日は当然、反発するはずだったが、その淡い期待は、すぐに打ち砕かれた。朝方は、一時、前日比プラス１３５ドルまで戻したが、すぐに暴落し、戻したところから５４０ドルも一気に下落した。投資家は絶望の淵に立たされた。しかし、引けにかけての30分で急騰して３９０ドル戻し、前日比マイナス16ドルと、前日とほぼ変わらない水準となった。

暴落の最終局面では、大量の投売りにより大幅下落するが、それによって売りは出尽くし、底を打つ、というパターンになる。いわゆる「セリングクライマックス」である。一六日の米国市場では、それがやってきたように見えた。実際、この日の値動きは、明らかに一相場終わった動きだった。パリバショックから１週間、怒涛の暴落は一段落して、相場は転換点を迎えた、と考えるのが普通だと思われた。

欧州市場と日本市場（八月一四日〜一七日）

一方、欧州市場は、この１週間は米国市場の動向に大きく左右されていた。時差の関係から、米国市場が開く前の午前中は、値動きは小さく、午後に入ると、米国市場の動向にあわせて激しく動く、という展開になっていた。

日本市場も欧州市場と同様に、米国市場の動きに振り回された。一四日は上げたものの、

[米国市場]

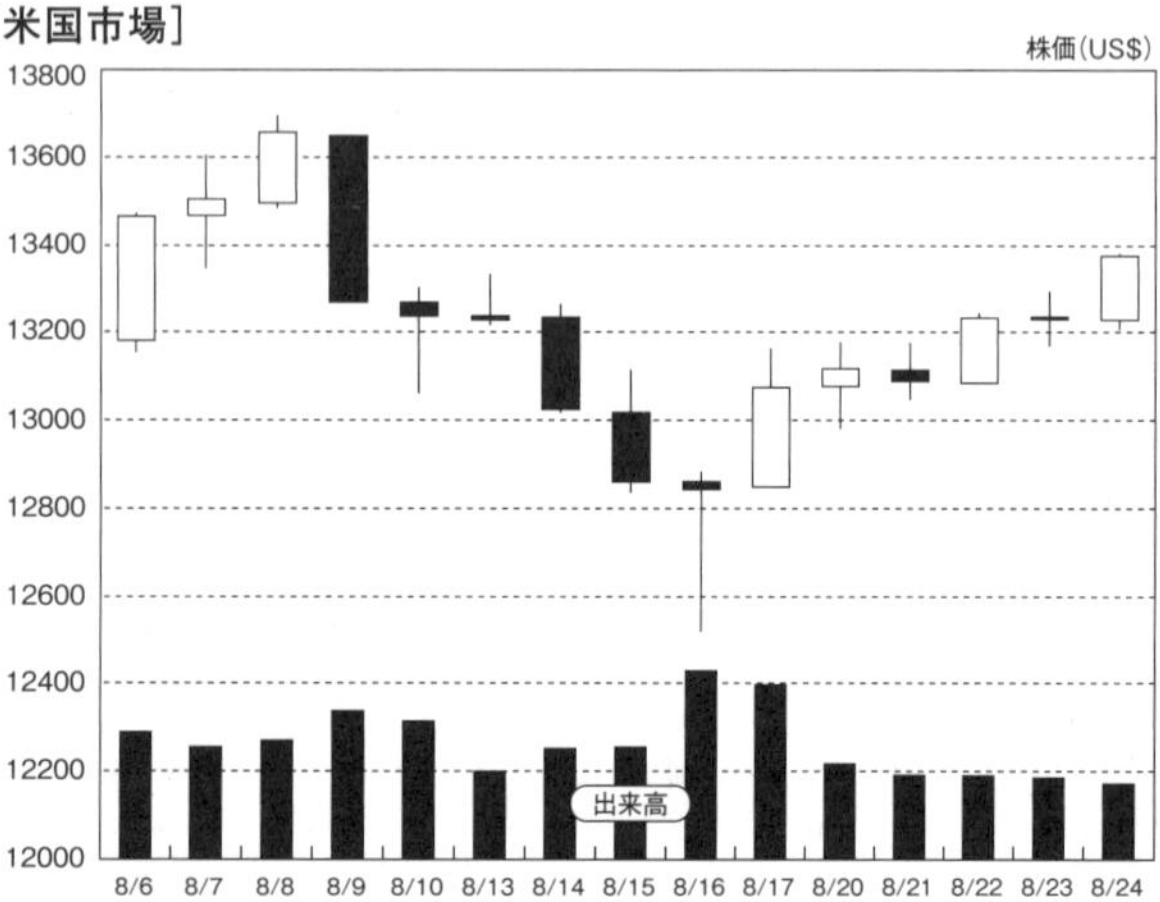
株価(US$)
13800
13600
13400
13200
13000
12800
12600
12400
12200
12000
出来高
8/6 8/7 8/8 8/9 8/10 8/13 8/14 8/15 8/16 8/17 8/20 8/21 8/22 8/23 8/24

[日本市場]

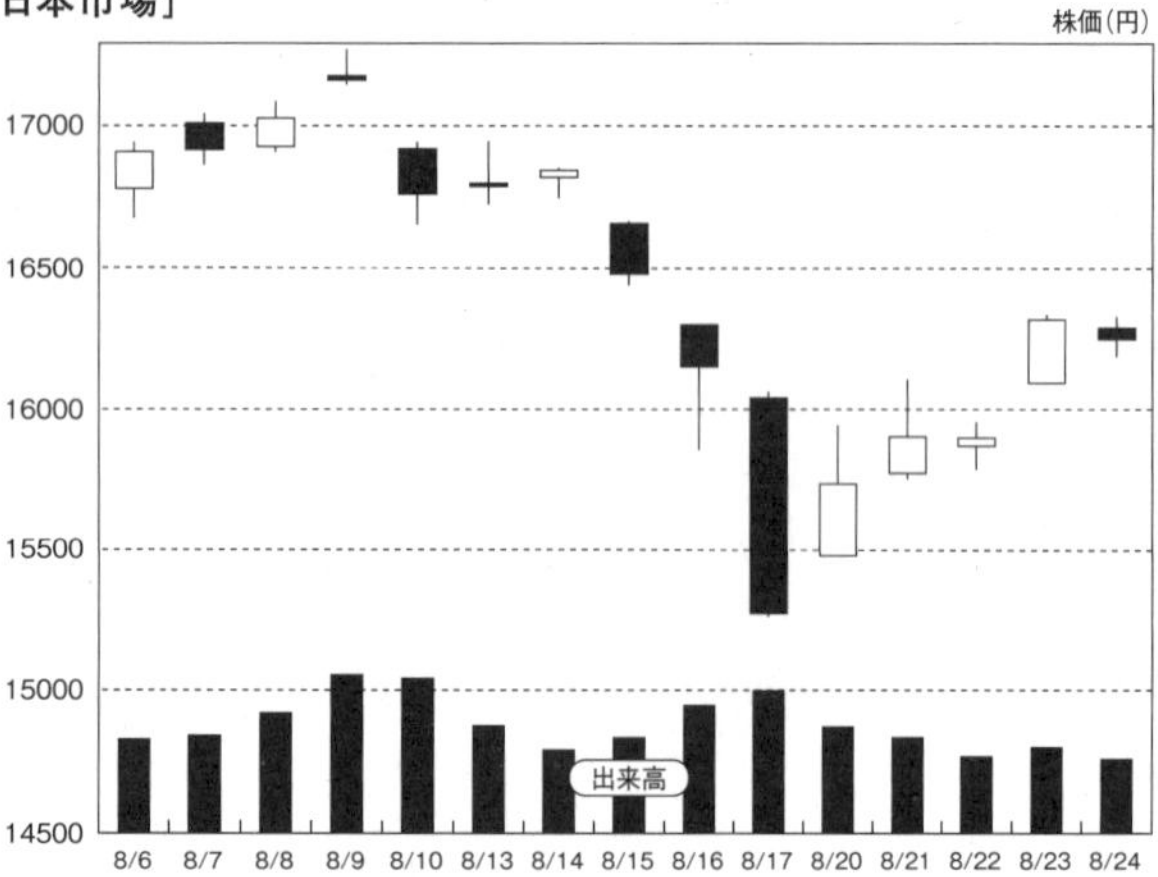
株価(円)
17000
16500
16000
15500
15000
14500
出来高
8/6 8/7 8/8 8/9 8/10 8/13 8/14 8/15 8/16 8/17 8/20 8/21 8/22 8/23 8/24

2007年8月6日～8月24日の株価チャート

［英国市場］

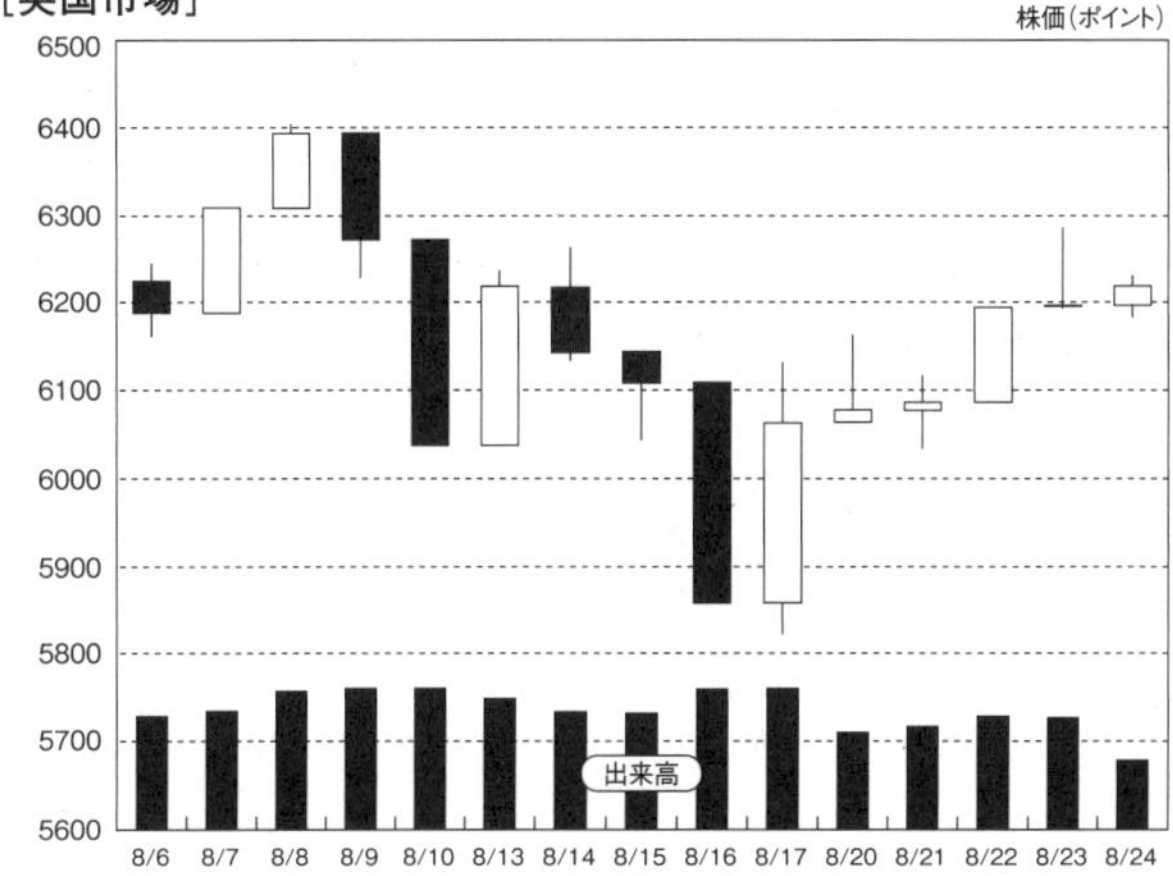

［香港市場］

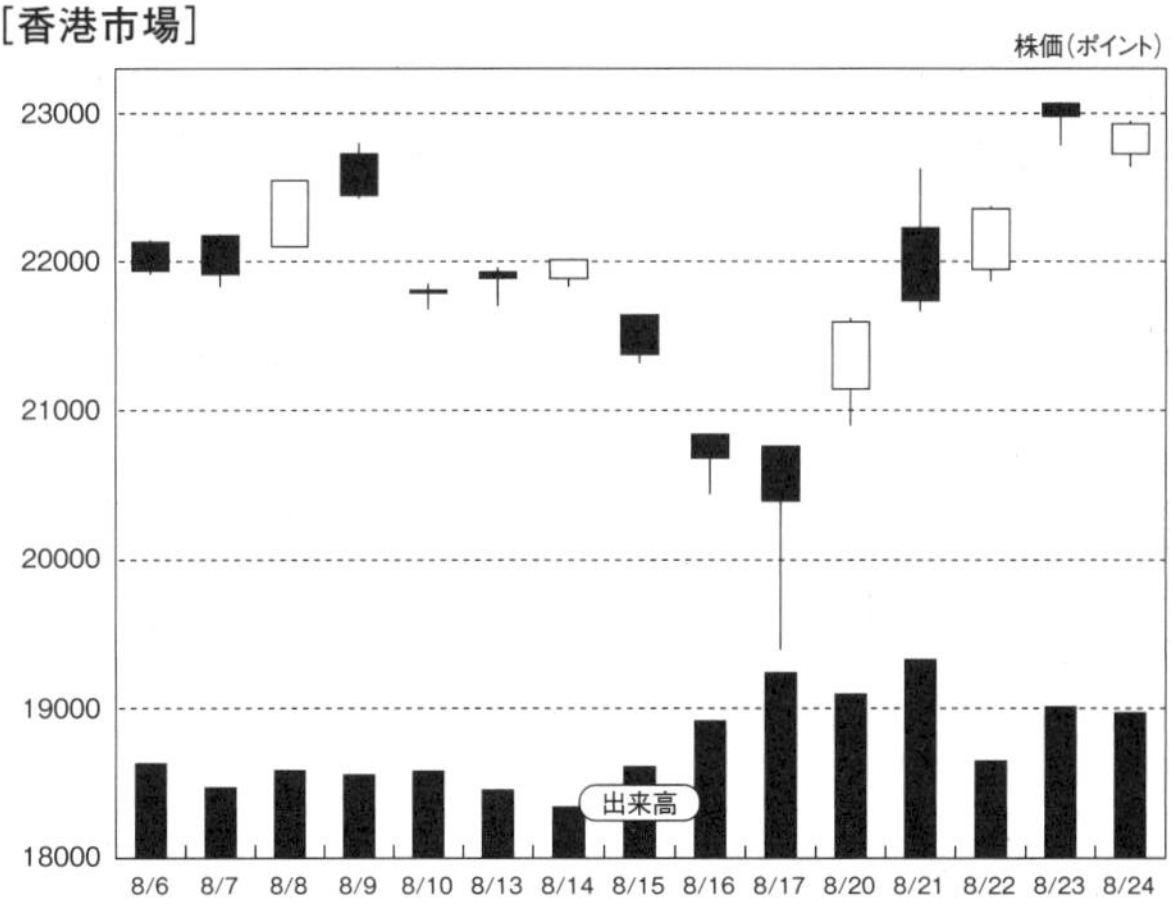

一五日は大幅下落となった。一五日の大幅下落は、一四日の米国市場の大幅下落を受けたもので、一五日の米国市場の暴落を受けて、一六日の日本市場はさらに暴落した。一時、日経平均株価の下落幅は600円超となり市場はパニックとなったが、引けにかけてそこから一気に300円近く戻し、327円の下落で終わった。

一七日金曜日の日本市場も、一六日の米国市場の流れを受けると思われた。前述のように一六日、米国市場は最後の30分で急騰した。そのため、日本市場は、前日が327円の下落だったこともあり、大幅反発で始まるかと思われたのである。しかし、取引開始直後から下落し、大幅に円高が進んだことにより、日経平均は一六日の水準から更に100円超下げたのである。そして、1万6000円を割ると、そのままずるずる下がっていった。午後に入っても雰囲気は悪く、下げ幅を拡大した。そして午後二時過ぎ、為替が一気に円高に進むと、パニック売りから大暴落となり、日経平均は874円安の1万5273円で引けた。

他のアジア市場も暴落したが、欧州はそれほど下がらず、日本だけが突出した下落となっており、変な雰囲気だった。不思議な感覚のまま、世界は米国市場が開くのを待った。

米国時間一七日金曜日の朝。市場が開く直前に、FRB（アメリカ連邦準備制度理事会）は、公定歩合を0・5％緊急利下げすると発表し、欧州市場が急騰、米国市場も一気にダウ平均が430ドル上昇した。結局、引けにかけて上げ幅を縮小したものの、プラス235ドルで終わった。これを受けて、翌週二〇日月曜日の日本市場は急回復し、日経平均が459円高の1万5732円、二一日は169円上昇、月末の三一日には、日経平均が1万6569円と、一七日に比べ、1295円高となったのである。

2つの特徴

以上がサブプライムショックにおける、もっとも動きの激しかった1週間の動きである。ここから何がわかるだろうか?

まず、サブプライム関連のニュースは、パリバショックが起きた八月九日以外には、ほとんど出てこない、ということだ。世界の株価は、ニュースが流れることによって動きが生まれているのではなく、米国市場の動きに振り回されているだけであることがわかる。サブプライムショックの最初のきっかけとなったパリバショックが起きた当日、震源地の欧州市場ですら、米国市場の反応を待つようなところがあった。

そして、世界を動かす米国市場の動きも、ニュースに対して反応するのではなく、市場のうねりが生き物のように襲いかかることにより生じているようだった。サブプライムショックによる金融機関の損失額などのニュースに反応して即座に株価が急落した後は、これらのニュースとは無関係に株価は乱高下した。

つまり、ファンダメンタルズと呼ばれる企業の収益や経済全体に関するニュースに株価は即座に反応するが、その反応後は、ニュースとは関係なく株価が乱高下する展開だった。このことは、ファンダメンタルズが要因となった株価下落は、暴落のごく一部であった可能性を示唆している。

これを端的に表す現象のひとつとして、先進国の株式市場の中で、日本市場の下落率がもっとも大きかったことが挙げられる。サブプライムの本拠地の米国市場でもなく、短期金融市場の混乱の影響が直接的に波及した欧州金融市場でもなく、最もサブプライム関連証券を保有していなかった日本市場が、最も激しい暴落に襲われたのである。

これらのことから、サブプライムショックをきっかけとする世界金融市場の混乱は、ファンダメンタル的なショック、すなわち、サブプライムローン市場が崩壊することによって、米国経済が景気減速へ向かうことにより生じているわけではないことが分かる。世界金融市場の混乱の背後では、別の構造的変化が起きていたのだ。

二〇〇七年八月のサブプライムショックにおける特徴的な現象の第二は、１日の中での株価の変動が極めて激しかったことである。たとえば、一六日の米国市場の場合、午前中は激しく暴落したが、その日の終盤、市場が閉まる前の最後の30分に、急に反転、暴騰し、その日の暴落分のほとんどが取り戻された。このように、日々乱高下しているだけでなく、１日の中でも乱高下していたのである。

しかも、これは、一六日に限ったことではなかった。この週の米国市場は連日、１日の中で凄まじいほどの乱高下をしていたのである。最後の30分を見なくては、終値が大幅プラスなのか大幅マイナスなのか、全く予測がつかない状況だった。それゆえ、この30分は「魔の30分」と呼ばれた。最後の30分間に、毎日、ショッキングなニュースが集中しているということはあり得ない。これも、ファンダメンタルズとは関係のない値動きをしていることの証左である。

市場ムードで決まる株価

これら2つの特徴から、株式市場の本質、とりわけバブル崩壊といった激しく市場が変動する場合における、株価を動かす要因についての新たな洞察が得られる。

株価を動かすものがファンダメンタルズでないとなると、一体どのような要因で株価が乱高下しているのだろうか。

それは、センチメントだ。行動ファイナンス理論において、センチメントには一般的に投資家心理という訳語が当てはめられているが、ここでは、市場全体の現象を表していることから「市場ムード」といったほうが的確だ。

欧州市場や日本市場の投資家たちは、米国市場がどうなるかということだけに注目していた。したがって、投資家たちは、示し合わせたわけでもないのに、全く同一の感覚、恐怖感に支配される。すなわち、米国市場の動きがそのまま、個々の投資家の投資行動に直結し、それがそのまま市場全体のムード、流れとして確定してしまう。それゆえ、ファンダメンタルズは全く関係なくなってしまうのである。

このムードの源である米国市場の株価の動きを決めるのも、ファンダメンタルズではない。米国市場の株価の動きは、米国市場の多数派の投資家がどう考えているかにより決まる。そして、例の「最後の30分」の値動きがどうなるかによって、彼らの感情、行動も決まってくる。損失を最小限に抑えるためには、最後の30分の流れを見てから、その流れに逆らわずに売買を行うしかなかった。

したがって、世界市場の株価の動きも、それを決定付けた米国市場の株価の動きも、全て市場のムードによって決まっていたのだ。そして、このムードが乱高下するのに合わせて、世界の株式市場は乱高下したのである。

このような状況では、市場の流れを作れるほど影響力のある投資家は、仕掛けをしたくなる。すなわち、自分が大量に売買することによって、株価を大きく動かして流れを作れば、他の投資家たちがついてきて流れが加速するため、それを狙った売買を行うのである。この仕掛ける投資家以外の投資家は、皆、怯《おび》えながら取引をしているから、全体の流れに従うしかない。大幅下落すれば、さらなる暴落に怯えて投売りするし、急激に反転すれば、これに遅れてはいけないと買い戻す。これにより、乱高下の振幅はさらに拡大する。このオーバーシュート（過剰反応）を利用して、最初に流れを作って仕掛けた投資家は大きく儲ける。自分が売れれば、市場はさらに下がり、自分が買い戻せば、市場はそれ以上に大きく反転するから、必ず儲かるのである。

その結果、株価の動きは常にオーバーシュートして過大となる。したがって、市場の乱高下におけるかなりの部分が、大きくオーバーシュートした動きによるものであり、ファンダメンタルズと関係ないだけでなく、個々の投資家の弱気なセンチメントだけでは説明できない。つまり、仕掛けによって過大に暴落させられ、その過大な分は仕掛けた側が買い戻すか、他の投資家が冷静に戻ったときに戻ることになる。この動きが、その日の最後の30分、あるいは、翌日の大きな戻しとして現れるのだ。

これが最も顕著に現れたのが、米国市場、日本市場の八月一六日の動き、そして、日本市場の翌一七日金曜日の暴落および二〇日月曜日の大幅な戻りの動きにおいてであった。

円キャリー取引の解消

しかし、一七日の日本市場の暴落は、このオーバーシュートだけでは説明できない。米国の動きに連動せず、米国の急反発を無視するかのように、激しく暴落したのは不思議だった。一六日の米国市場は、最後の30分に急反発したのに、なぜ一七日の日本市場だけが、世界の中で突出して暴落したのだろうか。

それは第一に、日本市場が、先進国で最もレベルの低い市場だからだ。常に外国人投資家の動向を窺《うかが》い、流れを作ってくる投資家の後追いだけをしている投資家しかいない。そのため、センチメントに大きく振り回される市場となり、仕掛ける側の投資家の格好のターゲットになっているのだ。実際、八月一七日のような、センチメントが総悲観になったときには、大幅下落を仕掛けられることになってしまう。その結果、下落のオーバーシュートも最も大きくなるのである。

　第二の理由は為替である。日本ほど為替動向、円高に弱い市場はない。それは、経済が輸出依存だからではなく、輸出依存だという思い込みがあるからだ。円高に対する市場の反応は、常にネガティブで、円高即企業収益にマイナス、という極めてワンパターンなものである。

　しかし、今回は、それ以上に大きな理由があった。それは、円キャリー取引の解消である。前章でも述べたが、円キャリー取引とは、金利が極端に低い円で資金を調達し、それをオーストラリアドルやニュージーランドドルなどの高金利通貨で運用したり、ドルやユーロに転換して、世界中の様々なリスク資産に投資したりする取引のことである。高金利通貨が、それらの国のインフレにより為替が下落するというリスクがあるにもかかわらず値上がりを続けてきたのは、円キャリー取引による継続的な資金流入があったからだと思われている。円キャリー取引は、高金利通貨だけでなく、世界中の株式市場、代替的投資先である商品（原油など鉱物資源、貴金属、非鉄金属、穀物など）市場の活況をもたらしてきたといわれている。世界中のリスクマネーの一定の部分が、円キャリー取引により供給されてきたと思われていたのだ。

二〇〇七年八月以前から、常に市場においては、この円キャリー取引の大規模な解消がいつ起こるか、ということに注目が集まっていた。円キャリー取引が終焉するきっかけとなりそうな事件が起こるたびに、世界の株式市場、とりわけ日本市場は下落してきた。たとえば、日銀による、量的緩和からの脱却や０・２５％の政策金利引き上げなどは、経済に与えるネガティブな影響はほとんどないにもかかわらず、円キャリー取引の終焉を連想させるという理由で、たびたび株式市場を下落させてきたのである。前章で見た、二〇〇七年二月二七日の上海株式市場の暴落と同時に起きた、米国市場の暴落を引き金とした世界同時株安においても、円キャリー取引の終焉の連想が、日本の株式市場を下落させたのだった。

そして、本章で追ってきた二〇〇七年八月のパリバショックをきっかけとするサブプライムショックも、実はその一つだったのだ。

サブプライムショックは、サブプライム関連証券への投資リスクが顕在化した事件である。しかし、その本質的な意味は、世界中のリスク資産への投資を引き揚げるタイミングであることを告げる号砲を鳴らしたことにある。すなわち、円キャリー取引は終了だ、という合図だったのである。

実際、サブプライムショックにより、円の借入れを返済するために円を買い戻す動きが加速し、一気に円高となった。これは円キャリー取引終了の合図であるから、全てのリスク資産に対する投資の引き揚げが連想され、全てのリスク資産の価格は下落したのである。つまり、世界中の不動産、不動産関連証券、オーストラリアドルなどの高金利通貨などが下落しただけでなく、原油もこの瞬間は下落し、そして世界の株式市場も下落した。もちろん、日本の株式市場も下落し、為替は当然大幅円高であるから、この円高がさらなる日本の株式市場の下落をもたらし、日本の株式市場はスパイラル的に下落したのであった。

その一方で、質への逃避が起こり、リスクが相対的に低いと思われている資産、すなわち、米国債、日本国債の価格は急上昇した。このときに、原油は、中長期的に下落が起こりにくい資産として認識され、このショック後、中長期的に、債券や株式などのリスク資産から逃避してきた資金の受け皿となったのである。金《きん》などのその他の資源、そして穀物も、中長期的な価格上昇が見込まれることから、サブプライムショック以降、原油と同じ性格を持った投資対象資産として、さらに資金が集まった。これ以後、原油、穀物、金、その他の希少資源といった全く異なる種類の商品の価格が連動するようになったのであった。

ここに、今回のサブプライム問題の本質が現れている。サブプライムショックによる株式市場の下落過程において、実はサブプライムはほとんど出てこない。米国市場とも不動産とも関係のない企業の株式が暴落するのである。それは、円キャリー取引終了の合図を示す号砲を聞いて、慌てふためいた投資家の投売りによるものであり、すなわちそれは、世界中のリスクマネーの引揚げによる暴落だったのである。

市場の操作と群集心理

本章の、暴落局面に関するまでのエピソードから、示唆される教訓は3つある。

第一に、ファンダメンタルズは無力である、ということである。第二に、ファンダメンタルズではなく、個々の投資家の内面の心理が株価の変動を作り出し、そして、その心理は群集化する。すなわち、暴落局面では、株価の変動および市場のうねりは、群集心理により支配されるのである。

そして、第三に、この群集心理に支配された株価を動かすために、群集心理を支配しようとする投資家が存在し、暴落局面では、株価はそのような投資家によって動かされる可能性が高い。

ファンダメンタルズの変化では、暴落局面での株価の変動を全く説明できない。暴落局面における株価を支配しているのは、他の投資家の動きであり、それに対峙《たいじ》する自己であり、自己の心理である。そして、自己と他者は、お互いに影響を与えあい、それぞれの心理は群集心理化するのである。一般的な個別の投資家は、波に飲み込まれるが、その波は自分が作ったものである。そして、誰にも制御できなくなった波のうねりは、自己運動をしているかのように見える。

しかし、その一方、この群集心理を利用して、利益を得ようという動きも出てくる。パニックを煽る動きが常に見られるのだ。本章で見た暴落においては、1日の中で、あるいは1週間の中で、激しいオーバーシュートが必ず見られたが、このオーバーシュートの要因のひとつは、仕掛け、あるいは相場操縦に近い動きによるものであった。これは、群集心理を操作することにより、市場を意図通りに動かそうとするものだ。この結果、作られた群集心理が市場を動かすことになる。

2つの暴落

さて、本章で述べた二〇〇七年八月のサブプライムショックによる株価の暴落と、前章で述べた二〇〇七年二月末の世界同時株安との違いは何だろうか。

後者の場合は、暴落は1週間で終了し、反転したが、その後、また下落した。そして、3

週間後あたりから、株価は力強く上昇トレンドに戻っていった。そして、〇七年六月の頭までは、ほぼ一本調子に上がっていった。

一方、前者のサブプライムショックでは、株式市場の混乱が1ヶ月程度続き、その間の乱高下は激しかった。そして、債券市場、とりわけ証券化商品市場がほぼ壊滅的打撃を被り、市場として成立しなくなった。したがって、〇七年八月の暴落における市場の混乱は二月末の暴落の比ではなかった。

それは、米国、欧州の金融当局の対応の差にも現れている。二月末の暴落の際には、とりたてて目立った対応はなかったが、八月の暴落では、米国FRBによる緊急利下げをはじめ、欧州中央銀行による巨額の債券買い入れによる大量の資金供給、金融機関の支援と、通常ではありえない措置が次々ととられた。

これと関連して、暴落後の金融市場の反発の理由も、2つの暴落で大きく異なった。二月末の暴落のときは、いわゆる自律反発と呼ばれるものだった。つまり、大きく下げすぎた後は、大きく下げたという理由だけで調整完了と解釈され、その後、株価は勢いよく上がっていった。一方、八月の暴落のときは、買いに転じる財政的および精神的余力が投資家に残っていなかった。財政的にも精神的にも、追い詰められていたのである。したがって、株価が上昇に転じるには、金融政策による市場の支援、すなわち金利引き下げと、金融機関の実質的救済によるもの、つまり、外部の支援に頼るしかなかった。

セリングクライマックス

次に、これら2つの暴落を、現象面だけでなく構造面でも比較してみよう。

まず、2つに共通するのは、第一に、暴落が続き、多くの投資家が諦めて投売りをしつくした時に反転が始まったことだ。第二に、その反転は、当初は乱高下をしながら上昇していくもので、一直線の反転ではなかった。そのため、極めて短期の反発に過ぎないのか、あるいは上昇トレンドに戻ったのか判断しにくい期間があった。そして、第三に、この乱高下を経た後に、力強く上昇トレンドを作って上がっていき、しかも、その上がり方は、暴落前よりも速いスピードになっていた。これを市場関係者は、暴落により健全な調整が行われ、アク抜けにより上がっていく、などと表現する。

一方、この2つの暴落における、もっとも大きな違いは、暴落後の反転からの上昇トレンドがどこまで継続するかという点にあった。つまり、暴落後に短期の反発を経て、力強い上昇トレンドが続いていくのかどうかが、バブルが真に崩壊するかどうかの分かれ目なのだが、二月の暴落の際は上昇トレンドが続き、八月の暴落の際にはそうはならなかった。この点が最も顕著な違いだった。

この上昇トレンドが続くかどうかを決定するキーとなるのが、前章で述べた、バブル崩壊に必要な3つの要素のうちの第三の要素である。つまり、市場全体のムードが悲観的か否か、ということだ。

二〇〇七年二月末の暴落の際には、第一と第二の要素は満たされていた。すなわち誰もがそれをバブルだとわかっていること、およびバブル崩壊の合図が鳴り、それが合図だというコンセンサスがあることという条件は満たされていた。しかし、第三の要素は満たされていなかった。すなわち、全ての投資家が将来に関して完全に悲観的ではなかったのだ。

しかし、八月の暴落の際には、将来に楽観的な見通しを持つ投資家は消えていた。米国株式市場は前月の七月にピークをつけ、サブプライムの問題は既に深刻化しており、もはや手に負えないことは誰もが知っていた。そして、サブプライム関連証券の市場が崩壊すれば、米国の実体経済も大きな打撃を受ける、ということは明らかであった。また、二月末に比べ、株式市場のバブルは世界中でさらに膨らんでおり、明らかにバブルであることは、よりいっそう疑いないものになっていた。つまり第二の要素と第一の要素も満たされていた。

3つの要素が揃っていたことにより、二月末と異なり、八月には、暴落があっても、それは買いチャンスとはならないことが全ての投資家に分かっていたのだ。その結果、暴落後に、買いに動く投資家は不在で、売りを仕掛ける投資家の独壇場となった。これにより、ついにバブルは崩壊したのである。

この崩壊の際に投資家を襲った絶望感はとてつもなく深い。二月末の暴落のときは、高値で買ってしまった株であっても、しばらく持っていれば、一時的な下落から回復し、株価は元に戻るのではないか、という淡い期待を持つことができた（そして実際に一時的には回復した）。しかし、八月の暴落では、持ち続けても買ったときの水準まで永遠に戻ってこないのではないか、という絶望感が投資家を支配していた。もう終わりだ。ほとんどの投資家がそう思った。

したがって、この八月の状況は、売り仕掛けを行うには、最高の環境であった。とにかくただ売りまくればよかったのである。大きく下がったら買いだ、と思っている数少ない投資家にとっても、売り仕掛けが終わり、誰もがさすがに下がりすぎだと思うまで買う必要はなかった。待てば待つほど安く買えるのに、あせって買う理由はなかったのである。

今、買う投資家がいない、ということは、明日も買う投資家はいないことを意味した。なぜなら、明日買う投資家がいるのであれば、今日買っておけば儲かる可能性があるので、買ってもよいはずだったからだ。明日になっても買い手は現れないと誰もが思っていたし、実際、翌日も買い手はいなかった。翌々日に突然買い手が現れるとは到底思えなかった。

最終的には、1週間後の八月一六日に買い手が現れることになる。しかし、それは、売りを仕掛けた投資家たちの買戻しに過ぎなかった。一六日の米国市場の株価は、前代未聞の乱高下であり、また、それに伴って取引量も異常に膨らんでいた。これは、売り仕掛けが終了したことを意味し、セリングクライマックスと呼ばれる、暴落の最終局面の現象であった。

しかし、このクライマックスまでに、多くの投資家は財務的、精神的に追い込まれてしまったために、売りを強制されるか、耐え切れずに投げ売ったかのどちらかだった。売ることができるものは、ほとんど売られてしまった。逆にいうと、仕掛けても、もはや投売りが出てこないほど、売りつくされてしまっていたから、売りを仕掛けた投資家たちは、買戻しに転じたのであった。

2度目はアウト

さらに、二月末と八月とで大きく異なっていたのは、八月は2度目の暴落であったという事実だ。バブルの多くは、1度目の暴落では崩壊しないが、2度目以降の暴落は崩壊に繋がる可能性が高い。たとえば、日本の二〇〇六年一月のライブドアショックの場合、一月の暴落では崩壊せず、その後、回復したが、同年二月および六月には大きく暴落し、六月のときは全く回復しなかった。

なぜ、1度目の暴落は大丈夫なのに、2度目以降は駄目なのか？　その理由は、財務と心理の両方の側面から説明することができる。

財務面で考えると、1度目の暴落局面では、ほとんどの投資家は暴落前のバブルでかなり含み益を膨らませており、まだ余裕があるという点が挙げられる。一度の暴落ぐらいなら乗り切れるだけの含み益を残しているのだ。そのような状況では、プロの運用者であれば、この時点でまだ顧客の資産を減らしたわけではないので、ファンドが解散させられて失業するという恐怖感はなく、冷静に売買できる。株価が安すぎれば売る必要はなく、むしろ買いに回ってもいい。個人投資家も、含み益がある間は損をしたという感覚はない。また、ピークで売り損ねていても、それほど後悔していないから、彼らも冷静に売買をし、買いチャンスを狙う可能性もある。したがって、1度目の暴落においては、全ての投資家が冷静で、財務的に投売りを迫られることもなく、よってパニック的な暴落のスパイラルに陥らなくて済むのだ。財務的な余裕が心理的余裕を生み、合理的な行動をとらせるのである。

しかし、2度目の暴落、あるいは、3度目以降の暴落局面では、そうはいかない。含み損を抱えたファンドは顧客に解約を迫られ、そのため運用者は価格にかかわらず、投売りをする必要が出てくる。したがって、プロの運用者の多くは、含み損にならないよう、利益が出るうちに売ろうと考える。この結果、ある程度下落トレンドが続いてしまうと、彼らが売りに走るため、市場全体で売りが加速し、暴落スパイラルが起こることになる。

一方、心理面でも、2度目以降はつらい。一度暴落を経ていると、投資家は「次は本当の暴落がやってくるのでは？」という不安感と日々戦いながら、株式を保有し続けることになる。そして、ひとたび暴落が起これば、最も恐れていたことが現実になった、とパニックに陥り、投売りに走ってしまう。つまり、1度目の暴落でセンチメントが傷ついた結果、次の暴落に耐えられない精神状態になってしまっているのである。

二月末の暴落の時点では、ほとんどの投資家は、財務的にも精神的にも、破滅の切迫感を抱えることはなかった。しかし、八月の暴落の際には、多くの個人投資家が精神的に耐え切れず、パニックと絶望から投売ってしまった。そして、プロの運用者の場合、弱気ムードの下で既に含み損を抱えているファンドが多かったことから、財務的な破綻リスクが彼らを襲い、強制的に投売りをさせられたのである。

しぶとい株式市場

実際には、2度目の暴落に市場は耐え切れないことが多いのだが、場合によっては、なんとかしのぎきり、復活することもある。

果たして、サブプライムショックの後も、二〇〇七年二月末に続く八月の2度目の暴落から市場は奇跡的に立ち直ったかに見えた。八月のショックは、明らかにバブル崩壊で、もう二度と市場の回復はないと思われていた。投資家たちは完全に打ちのめされ、封鎖、解散となったファンドは数知れなかった。しかし、それにもかかわらず、2ヵ月後の一〇月には、株式市場は復活を遂げた。米国市場のダウ平均株価が、史上最高値を更新したのである。

バブルの崩壊局面において、何度目の暴落がとどめとなるのか――それは、ボクサーが何度目のパンチでダウンするかわからないのと同じくらい難しい質問だ。しかし、いずれにせよ、サブプライムショックの場合、二月末に続く八月の〝2発目〟では、世界的な株式バブル市場を打ちのめすことはできなかった。債券市場は完全にノックアウトされたが、株式市場は、別の論理で立ち直ってしまったのである。その論理とは、米国企業が多くの収益を新興国経済の成長から得ているため、米国経済が崩れても米国企業は倒れない、というものだった。それに加え、ＦＲＢによる大幅な金利の引き下げにより、株式市場は持ちこたえた。むしろ買いチャンスの金融相場になるとコメントする株式評論家が多かった。

一〇月一日に最高値を更新した後、米国市場は乱高下を続けた。そして、一九日にかけて下落し、また倒れそうになりつつも、そこから持ち直し、三一日まで上昇局面となる。しかし、一一月に入ると大幅下落が継続し、ついに米国市場も決定的に倒れたかに見えた。だが再び、一一月後半および一二月後半には、奇跡のカムバックを果たしたのである。

しかし、ついに、終わりはやってきた。一二月末、クリスマスが過ぎるのを待っていたかのように、米国市場は一気に暴落を開始し、その後は下落を続けていった。そして、二〇〇八年三月に、恐怖の頂点を迎えたのである。

第6章　バブル崩壊②——世界同時暴落スパイラル

静かなる暴落の恐怖

バブル崩壊における恐怖の頂点は、最後の最後にやってくる。それは突然やってくるものではない。誰もがバブルは崩壊した、もうだめだ、と思ったその直後にやってくる。

なぜなら、この2度目以降の暴落時においては、誰の目にも回復の見込みがないことは明らかであり、ここはむしろ買いチャンスだ、とは誰も思わないからである。買い手は、大幅下落の後の反発局面と異なり、今度こそ100％不在である。

一方、売り手は、損が出る価格では売りたくない、とか、もう少し待てば戻る、などと考える余裕は全くない。破産を逃れるため、清算を避けるため、あるいは清算のために、全ての資産は投げ売られる。そこに迷いはなく、そもそも選択肢などない。ただただ売られてしまう。もはやそこに投資家の意思は存在しない。

市場では、売りが殺到するというよりは、淡々と絶え間なく売りが流れ込み、静かにかつ大量に売りが溢れている。そこに買いはない。相場はフリーフォールとなり、底なし沼となる。

二〇〇八年三月。それはついにやってきた。

サブプライムに端を発した、世界金融市場バブルが崩壊した。プロ中のプロの投資家だけが投資する証券化商品は、ほぼ全て紙くず同然に暴落した。額面1ドルのトリプルAの証券化商品を2セントで売るために、ある投資銀行は躍起《やっき》になって買い手を捜していた。

投資銀行幹部、ファンド幹部、元官僚が集まった交流会では、「今、投資銀行が抱えているものを誰も買おうとしない。彼らが売れるものは、オフィスにある家具だけだ」という冗談に対して、誰からも笑いが起こらなかった。額面1ドルのトリプルAの証券化商品が2セントでも売れない話に対する「2セントならポケットマネーで買いたいね。自宅でも売るか」という冗談については、本気と受け止められ、取引が危うくまとまりそうになっていた。

刹那的なクリスマスプレゼント

予兆はかなり前からあった。

恐怖のピークは、まずクリスマスにやってきた。

二〇〇七年八月のサブプライムショックは一時的なものではなかった。米国株式市場は、九月に入っても混乱の最中にあった。サブプライム関連証券、あるいは、類似の証券化商品の市場を中心とする債券市場は壊滅状態であったが、株式市場は淡い望みを持ちつつ、乱高下を続けていたのである。

ところが、一〇月に入ると、米国ダウ平均株価は、意外な動きをした。終値ベースでは九日に1万4165ドルを、取引時間中では一一日に1万4198ドルを付け、いずれも史上最高値を更新したのである。八月の世界金融恐慌の瀬戸際というムードとは180度違うものに市場は変貌していた。

その後、一一月には再び暴落したが、一二月に入ると、また持ち直した。1ヶ月ごとに、悲観と楽観が揺れ動く相場であった。

悲観と楽観が揺れ動く相場というのは、極めて危険な相場である。しかし、楽観といっても、それはあまりに危うい楽観で、投資家たちは、先の見通しに対する期待や願望に、怯えつつもすがっているに過ぎなかった。まさに、夢から覚めるのが怖くて、目をつぶり続けていたような状態だったのである。

一二月は、楽観の出番だった。金融機関の一一月期の決算発表を通過すれば、それで悪材料が出尽くし、発表後は市場全体が上昇基調になるだろうという楽観的な認識が広まっていた。今年のクリスマス商戦は好調なのでは？　といった、見通しというよりは淡い期待込みの予測が報道されるなど、投資家だけでなくメディアまでもが、何とか自信を取り戻すために必死でよい材料を捜し求めていた。それらしい材料が見つかると、そのたびに株価は上がった。

一二月前半には、ダウ平均が一〇月につけた史上最高値の1万4000ドル台を再び窺うような展開となった。そこから一旦は下がったものの、クリスマスにかけて、もう一度回復し、クリスマス直前の二一日金曜日には、米国証券会社のメリルリンチがシンガポールの政府系ファンドからの出資を受ける方向で交渉しているという報道などもあって、205ドル高と大幅高になった。

そして、翌取引日の二四日月曜日のクリスマスイブには、98ドル高の1万3549ドルとなったのだった。この日、政府系ファンドのメリルリンチへの出資が正式に発表され、金融株全般が上昇したのである。メリルリンチの他、シティグループはアブダビ、モルガンスタンレーは中国、スイスのUBSもシンガポールと、有力金融機関に対するアジアなどの政府系ファンドの出資が出揃い、政府系ファンドというサンタクロースがやってきた、という報道も見られた。一時的に、市場は温かい雰囲気に包まれた。

しかし、二七日からは怒濤の〝下げシリーズ〟が開幕することになる。政府系ファンドの出資の効果は、クリスマス期間中だけしか持続しなかった。まさに、刹那《せつな》的なクリスマスプレゼントに過ぎなかったのである。

噂で動く恐怖市場

二七日は、パキスタンのブット元首相が暗殺され、原油価格が急騰、相場のムードは悪化した。そこへ、米国大手金融機関のサブプライム関連の損失が拡大するというレポートも出て、それまで急騰していた金融株が、二七日には暴落し、ダウは192ドル安と大幅下落した。

そして三一日には、ダウが101ドル安、二〇〇八年の取引初日の一月二日には、221ドル安となった。1日おいて四日には257ドル安、また1取引日をはさんで八日には238ドル安、その後2日おいて一一日には247ドル安の1万2606ドルとなる。一二月二七日からここまでの下げ幅を合計すると945ドルで、1ヶ月前に比べて1121ドル安と10％近くも下がっていた。

一月八日の下落は、モノラインと呼ばれる金融保証会社のアムバックとMBIAに関して、アナリストが両社の収益見通しを引き下げたことに加えて、住宅ローン最大手のカントリーワイドが破産申請する、という噂が広まったことによるものだった。これらの企業の株価は、それぞれ、16%、20%、28%という大幅下落となった。しかし、一〇日には、カントリーワイドを米国金融機関バンカメが買収するという報道から、ダウ平均は一時195ドル高まで上昇、カントリーワイドは前日比プラス51%と狂ったように上昇した。この日はさらに、著名投資家のウォーレン・バフェット氏がモノラインへの出資を検討中、という報道も出て、上昇ムードに貢献した。

しかし、このように、噂や報道で乱高下する相場というのは、最も危ない相場である。噂や報道に大きく反応するという事実が、たとえ株価が上がったとしても、いつ突然パニックとなるかわからない、恐怖相場であることを示している。

そして、これはまだ、恐怖相場の前触れに過ぎなかった。一五日からは、5取引日連続で下げ、合計807ドルの下落となり、ダウは1万2000ドル台を割り込んで1万1971ドルとなった。金融不安の再燃と、実体経済にも金融市場の混乱の影響が出てきたことが理由とされた。

一五日には、米銀最大手のシティグループの追加損失計上と米国小売売上高の減少という、金融不安と景気不安のダブルパンチのニュースで、ダウは277ドル安となった。さらに、ハイテクの中心銘柄であるインテルも、売上予想が悪かったことから取引時間外で14%急落

［米国市場］

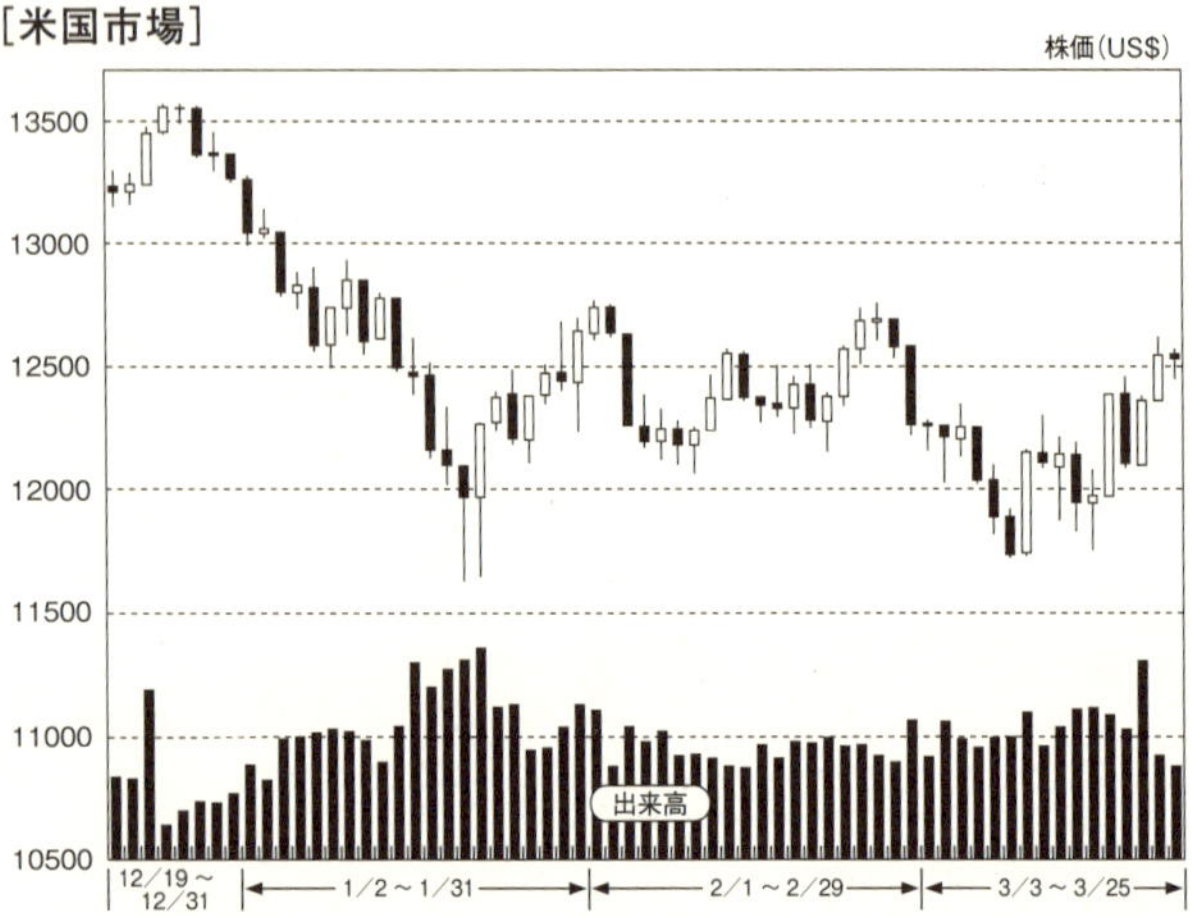
株価(US$)
13500
13000
12500
12000
11500
11000
10500
出来高
12/19～12/31
1/2～1/31
2/1～2/29
3/3～3/25

［日本市場］

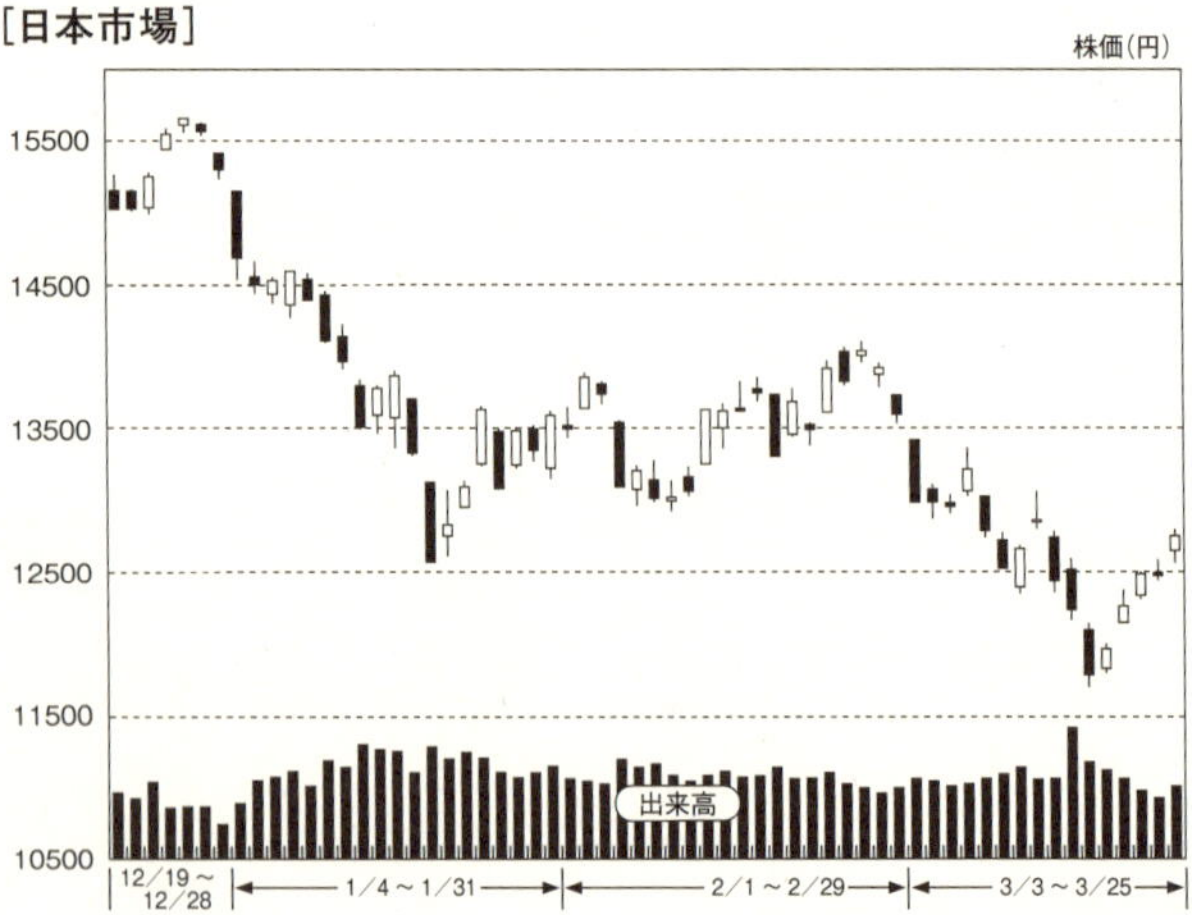
株価(円)
15500
14500
13500
12500
11500
10500
出来高
12/19～12/28
1/4～1/31
2/1～2/29
3/3～3/25

2007年12月19日～2008年3月25日の株価チャート

[英国市場]

[香港市場]

する場面があり、これも市場全体に大きな悪影響を与えた。

一七日も、金融関連では、メリルリンチが巨額損失を発表して10％暴落し、一方、実体経済に関しては、フィラデルフィア製造業景気指数が予想を大幅に下回った。こうして金融、実体経済の両面から市場は打ちのめされパニック売りとなり、ダウは３０７ドル安となった。

これに対して、ブッシュ大統領は一八日、個人所得税を還付する戻し税による減税を発表する。この噂は前からあり、この発表をきっかけに株価が反発することが期待されていた。しかし、市場は反応せず、反発を期待していた投資家の失望を誘い、この日もダウは60ドルの下落で終わった。

世界同時暴落スパイラル

一月二一日月曜日は祝日のため、世界で米国市場だけが閉じていた。しかし、まさにこの日に世界中の株価が狂ったように下落した。このパニックは、アジアにおいては、中国の国有商業銀行である中国銀行がサブプライムローン関連で巨額損失を抱えている、と香港の英字紙が報道したことが引き金となって起きた。

この日の株式市場は、日本も欧州も、すべての投資家がパニックに襲われるほど暴落した。

特定のニュースが伝えられたわけではなく、暴落の理由としてはっきりしたものがなかったため、皆が一番恐れているサブプライム及びそれによるモノラインの経営不安によるものと言われていた。モノラインが破綻すれば、世界の債券市場全体が崩壊する可能性は高く、パニックとなって当然という雰囲気でこの暴落は解釈されていた。しかし、皮肉にも、当の米国市場は休場であり、米国以外の市場が大暴落したのであった。とりわけ、欧州の下落はひどく、ドイツ株式市場の指標であるＤＡＸ30は、この日１日で７・２％も下落した。ＤＡＸ30は一五日から連続して下落しており、二一日までにトータルで12・５％の下落、その後も暴落は続き、一五日から二三日までに、16・７％の下落となった。

とりわけ、二一日の暴落は凄まじく、これは明らかなパニックであった。モノラインの経営不安といっても、具体的なニュースがあったわけではなかった。要は明確な理由が見当たらないので、これだけ下がるからには、きっとそうではないか、という解釈で流されている噂に過ぎなかった。はっきりした理由がないだけに、世界中の金融市場は、不安というよりも言葉を失うほどの恐怖感に襲われた。二一日休場だった米国市場が、アジアと欧州の２日連続の大暴落を受けて二二日にどれだけ下げるのか、世界中の投資家は怯えていた。

二二日のアジア、欧州市場の暴落を受けて、時差の関係でそれらより遅れて始まる二二日の米国市場が暴落し、その暴落が再び二三日のアジア、欧州市場の暴落をもたらす、という暴落の連鎖のストーリーに、全ての投資家が囚われた。暴落を恐れたがゆえに、その恐れは自己実現した。つまり、アジア、欧州で投資家たちは、暴落の連鎖に怯え、実際に売りに走ったため、現実の二二日の市場も暴落したのであった。まさに、世界同時暴落スパイラルであったが、どこまでが織り込まれたもので、どこからがオーバーシュートなのか、もはや訳がわからなくなっていた。唯一確かなのは、世界中の株式市場が連鎖的に暴落を続け、反転のきっかけなどあり得ないことだけだった。

日本市場も当然のように大暴落を続けた。日経平均株価が、二一日には535円、二二日には753円と合計1288円下がって、1万2573円で終わった。しかし、これでも下げは物足りず、大阪証券取引所（大証）で午後七時まで行われている日経平均先物のイブニング市場では、一時1万2130円まで下がり、その日の終値から、さらに440円下がっていた。

このとき、ニューヨークの米国市場はまだ開いていなかったが、シカゴでの先物取引において、米国ダウ平均株価先物が600ドルの暴落を示していた。二二日にダウが実際に600ドル下がったときに、それを受けて日経平均は、二三日に1万2130円から1000円以上さらに下がるというシナリオもありえた。つまり、1万1000円を割りかねない、ということだった。一方、ダウが600ドル安となって、翌日の日経平均が下がるというストーリーを織り込んで、大証の先物が440円下がって1万2130円になっているという解釈も可能だった。どちらなのか、誰にも見当が付かなかったし、見当をつけるのも怖かった。世界中の投資家たちは、米国時間の二二日の朝を恐怖で凍りつきつつ待ち続けた。

FRBによる緊急利下げ

全ての投資家が固唾《かたず》を呑んで米国市場の取引開始を待っていると、予期せぬことが起こった。米連邦準備制度理事会（FRB）が、0・75％の緊急利下げを発表したのだった。休日である二一日の夕方にビデオ会議を開き、出席できない理事や反対した理事がいたにもかかわらず、大幅利下げを決定した。0・75％という下げ幅は、一九九〇年代以降最大であり、二九日の定例会合が控える中での利下げは、異例中の異例だった。FRBのバーナンキ議長は、米国市場が二二日に大暴落すれば、それが世界に伝播して、再度アジア、欧州が暴落し、この世界暴落スパイラルが止まらないことになるのを恐れた。当初の予定通り、二九日の定例会合まで利下げを待ってしまうと、その利下げを実行する前に、世界金融恐慌が現実のものとなり、利下げしても手遅れになりかねない。そんな事態を何としても避けたかったのだ。それほどの危機感をＦＲＢは持っていた。戦後最大の危機という声も湧きあがるほどだった。

ＦＲＢによる緊急利下げの発動で、米国市場は、当然、大幅反発で始まると期待された。しかし、取引が開始されてみると、逆に大幅下落で始まり、一時４６４ドル安の大暴落となった。これは、この２日間で、欧州、アジアで大きな損失を出したヘッジファンドが、追い詰められた結果、現金確保やポートフォリオのポジション調整のために、機械的にたたき売ったからだ、といわれた。世界中の投資家、ファンドは崩壊寸前だったのである。米国市場は、その後、徐々に利下げを織り込みマイナス幅を大きく縮めるものの、プラスとはなり得ず、結局１２８ドル安で終わった。恐怖はまだ去っていなかったのである。

翌二三日は、米国の緊急利下げを受けて世界的に上昇してもよかったが、日本では日経平均が、一時、マイナスに転落寸前となるなど、乱高下となった。終値は２５６円のプラスとなったが、直前の２日間で１２８８円も下げたのに比べると幅が小さすぎ、反発とも呼べなかった。欧州に至っては、さらに下落が継続していた。緊急利下げでも上がらないのなら、どうしたら上がるのか。世界は絶望感に包まれた。二三日の米国は、この流れを受けて、一時、ダウが２６４ドルも下落した。世界の株式市場は、ついに本当の大恐慌を迎えたか、と思われた。

原因はフランスの一トレーダー

希望は、絶望の淵に潜んでいる。米国時間で二三日午後、ニューヨーク州政府保険局がモノラインの救済策を検討していることが伝わると、ダウは、そこから一本調子に上げ、その日の最安値から６２５ドル上げて、前日比２９９ドル高で終わった。米国が回復すれば世界も回復する。米国の急騰を受けて、二四日の日本市場は上昇、欧州は大幅高となったのである。

さらに、二一日と二二日の理由がないかに見えた暴落相場には、特定の要因があったことが判明した。その要因とは、フランスの金融機関、ソシエテジェネラルの一人のトレーダーによる不正取引だった。彼の取っていたポジションを強制的に解消するための売りが一気に出た結果、暴落した。そして、暴落に反応した投資家が投げ売り、恐怖感に支配されていた相場の下、売りが売りを呼んでパニック売りに発展したのだった。その結果、世界は金融恐慌の淵に立たされ、ＦＲＢは０・７５％もの緊急利下げを余儀なくさせられたのだった。

一人のトレーダーに世界が振り回されたという事実に、金融市場は驚愕《きょうがく》した。しかし、何であれ、暴落の原因が判明したことにより、市場はパニック状態から回復した。理由のない暴落こそが最も恐怖感をあおるのであり、どんなに理不尽な理由であっても、理由がわからないよりはましなのだ。

だが、このときの混乱の収束は一時的なものであることが、後にわかることになる。金融恐慌に終止符が打たれたわけではなかった。この後も乱高下は続くことになるのであるが、このときは、誰もが、最悪の危機は去ったと安堵したのだった。

ヘッジファンドの仕掛け

一月三〇日午後二時、ＦＯＭＣ（連邦公開市場委員会、ＦＲＢの金融政策決定会合）において、ＦＲＢは二二日の緊急利下げに続いて、さらに０・５％の利下げを行うことを発表した。１週間の間に合計１・２５％の金利引き下げを行う、という異例の措置であった。その三〇日は、午後のＦＲＢの政策決定発表に先立って、まず朝方に、二〇〇七年第44半期の米国国内総生産（ＧＤＰ）成長率が、大幅減速したことが発表された。また、モノラインの格下げも発表されたことから、米国株式市場は大幅下落して始まった。午後二時過ぎの利下げ発表直後は大幅高となったものの、これも１時間しかもたず、すぐに下落に転じ、利上げ発表直後のピークから取引終了時にかけては２３９ドルも下落し、前日比37ドル安で終わった。しかし、翌三一日は、ニューヨーク州当局がモノラインの救済に関して金融機関との協議に入ったというニュースが伝わり、安心感が広がったことで、前日比プラス２０８ドルで終わった。だが、１取引日をはさんで、翌週二月四日月曜日には再び１０８ドルの下落、五日には３７０ドルの大幅下落となった。

このような乱高下が続いているということは、恐怖相場から抜け切れていないことを示していた。とりわけ、１日の中での値動きや、引け間際の乱高下が大きいことは、ファンダメンタルズが関係ないことを意味した。一見、ファンダメンタルズの変化により、投資家が売買し、その結果、株価が下落しているように見えても、それは、恐怖感というフィルターを通してファンダメンタルズを見た投資家が売買しているだけで、結局、恐怖感により下落しているに過ぎなかった。

そして、この恐怖感を利用して、ヘッジファンドや有力投資機関による仕掛けが、暴騰、暴落の双方向へと行われていた。注意しなければいけないのは、恐怖相場では、上へ仕掛けられることも多いということだ。

仕掛けの基本は、大量に売り浴びせて恐怖を絶望に変え、心理的に打ちのめされた投資家の投げ売りを誘い、また、機械的なポートフォリオマネジメントをしている機関投資家などの、機械的な損切り売りをも誘う、というやり方だ。そして、暴落後に他の投資家たちが投売りをしつくしたところで、仕掛けた側は、暴落の最初の局面で売った分を、暴落の底値で買い戻すのである。

このとき、投げ売って損失を確定させた投資家は、上昇を仕掛けられると、さらに動揺する。かなり下がった水準で、自分があきらめて投げ売った直後に、急に反転、上昇を仕掛けられれば、彼らは、急反転、急上昇を目《ま》の当たりにして、投げ売ってしまったことに対する後悔と自己嫌悪で狂いそうになる。しかし、狂いそうになるということは、まだエネルギーがわずかに残っているということだ。彼らは、最後の力を振り絞って、急上昇の波に飛び乗り、買戻しに走る。投げ売ったことによって失われた資産とプライドを取り戻し、後悔の念を帳消しにしようとする。

この買戻しも、機敏に動き、底値で買い戻せれば、多少は損失とプライドを取り戻せるかもしれない。しかし、打ちひしがれ、同時に、「これでさらに損失を出したら」という恐怖に怯えている投資家の場合は、市場の株価が底値から反転して上昇局面となっても、すぐには飛び乗れない。彼らは、急上昇を呆然と眺めた後、その急上昇が一時的でなく持続的になってきたとき、我に返り、最後の力を振り絞って、買い戻しをする。もともとの後悔に、急反転のとき、すぐに買わなかったという後悔が加わり、二重の苦しみを背負いながら、あせって買い戻すことになる。しかし、これにより、三重苦を背負うことになるのだ。なぜなら、このときが、上昇局面の終了するときだからである。

売りを仕掛けて利益を出し、次に、急反転の買いを仕掛けたヘッジファンドは、最後に買いに回った投資家が入ってきたタイミングを捉え、二度目の利益確定を狙って一気に売りに回り、資金を回収する。損失を取り返すために最後の力を振り絞って、ここで買ってしまった投資家は、損失を膨らませるだけに終わる。そして、財政的にも精神的にも破綻に近い状態になる投資家も続出する。これが、バブル崩壊における投資家の典型的な悲劇だ。

眠れないＦＲＢ議長

二〇〇八年一月。米国市場以上に、日本市場は下落していた。

一月の暴落局面では、日本の株式市場は、常に米国株式市場の動きに振り回されていた。ダウ平均株価が下がれば、日経平均株価も下がった。最悪なことに、ダウが下がったときには、ダウの下落幅よりもさらに大きく日経平均は暴落し、ダウが反転して大幅上昇したときには、日経平均は、わずかな上昇にとどまった。米国市場以上に、日本市場は痛めつけられていたのである。

これは、日本市場が、もっとも揺さぶりに弱い市場として有名であったことによるものだった。実際、日本ほど、仕掛けに弱く、外国人の投資動向に左右される市場もない。一月の暴落局面においては、他国のどの市場よりも揺さぶられる度合いが激しく、また、その揺さぶられ方も、より単純で乱暴であった。

日本市場では、日経平均株価が1万2000円台にまで下落し、八〇年代終わりのバブル期の日経平均3万8000円どころか、つい半年前の二〇〇七年六月の1万8300円ですら、遠い昔の夢か、古き良き時代の出来事のように思われてきた。

このように悲観が絶望に変わりつつあるときは、仕掛けるチャンスである。一月二二日を底に反発し、最大の危機は去ったかのように見えた後も、株価は乱高下を繰り返していた。二五日に日経平均は536円上がったが、翌取引日の二八日には541円下がり、しかし、その翌日には391円上がった。その後も連日乱高下を繰り返し、二月一日には日経平均が1万3497円となって週末を迎えた。

翌週の二月四日月曜日は、モノラインの救済観測が出たことが日本市場に影響し、３６３円も上がった。この頃になると、米国市場が夜間で閉まっている間に、米国市場に関する様々な報道や憶測が飛び交い、米国以外の市場、とりわけ日本市場が、それらのニュースに反応して、株価が乱高下した。あたかも、米国の金融不安が、日本市場の株価に直接反映されているようであった。一月二二日に訪れた最大の危機のときも、米国ＦＲＢのバーナンキ議長が、日本市場を寝ずに監視しているという噂が出たほどだったが、そうだとすると、バーナンキは毎晩一睡も出来ないはずの相場だった。

勤勉なヘッジファンド

日経平均は二月五日には１１４円安、六日は６４６円安と、またもや危機的な暴落となった。このときは、米国の実体経済に悪い数字が出て、投資家たちは、再び絶望的な気分になったのだった。しかし、一四日には、日本のＧＤＰの数字が予想以上によかったことから、５５８円の大幅高となった。このＧＤＰのニュース以降、日本市場では、しばらく大きな動きがなくなり、落ち着いたかに見えた。この頃、米国経済と世界経済の動きは必ずしも連動しない、というディカップリング論がささやかれ、日本市場は米国市場と連動しなくなったのではないか、という淡い期待が持たれるようになった。しかし、そんな安心感が続いたのも、ほんの2、3日のことだった。

二月二〇日には、米国の投資ファンドKKRの資金繰り悪化の報道で、日経平均が448円も下がった。まさに不意打ちの下げだったが、米国の名門ファンドまでが危機というのは、憶測だけでもインパクトがあった。世界中で金融収縮がまだまだ激しく起こるだろうという不安が、根拠のない楽観ムードを一気に吹き飛ばした。

この二〇日、米国市場はどこまで下がるのか、と恐れられたが、いざ開いてみると、一時下げたもののプラスで終わった。これに拍子抜けをしたのか、サブプライムローン問題の終結は近い、などという楽観論が浮上した。それが意図的に流された噂かどうかはわからなかったが、いずれにせよ、二一日の日経平均はプラス378円と、前日の下げをほぼ帳消しにした。

しかし、翌二二日には早くも米国の景気後退懸念が蒸し返されて188円安となり、翌取引日の二五日月曜日には、414円高と今度は大幅な反発となった。反発の理由は、米国モノラインの救済策への期待が高まったこととされたが、実際には、日経平均先物の買戻しに過ぎないともいわれていた。

このように、日本市場は、米国に関する噂で揺り動かされた一方で、当の米国市場自体は噂では動かず、事実を確認してから動いた。噂を利用したかどうかはわからないが、結果として、日本市場では異常に大きな乱高下が起こり、それを利用してヘッジファンドは利益を上げていたと思われる。サブプライム関連で損失を出したヘッジファンドが、仕掛けやすい日本市場で乱高下を作って、損失分をコツコツ取り返している、という噂まで流れたほどだった。

一日天下

しかし、この二〇〇八年二月の乱高下も、月末二八日からの下げに比べれば、まだマイルドだった。米国モノラインに関する噂や報道で日本市場が動かされる構図はそのままに、インパクトはさらに増幅していた。二八日の日経平均は１０６円下がり、二九日は３２２円下がった。そして、翌取引日の三月三日月曜日は、米国市場の大幅下落、円高の急進により、６１１円も下がった。このとき円は１０３円台となり、二月二六日の１ドル１０８円台から、一気に５円も円高が進んだ。六日は、なぜか日経平均が大幅上昇となったが、これは一時的なものに過ぎなかった。その日の夜、米国市場は、米国の名門ファンド、カーライルが債務不履行となり、住宅ローン会社に関する悪いニュースも重なって、ダウ平均が215ドル下がった。これを受けて翌七日金曜日は、日経平均が433円安、円は1ドル101円台まで急進した。この日の夜、米国市場では、FRBが資金供給枠拡大に踏み切ったという、株価を下支えするニュースが出て、一時プラスとなった。しかし、発表された米国雇用統計の数字が非常に悪かったため、米国の実体経済が悪化していることが鮮明となり、終値では147ドル安となって、ダウ平均がついに1万2000ドル台を割った。

翌週一〇日月曜日の日本市場は、七日の米国市場を受けて当然下落となり、日経平均は251円安で1万2532円となり、2年半ぶりの安値となった。アジア各国の株式市場も全面安だった。一〇日の米国市場においては、ダウ平均はさらに下がって154ドル安となり、4日続落となった。4日間で合計515ドルも下がっていた。

一一日の日本市場は、恐怖の極みであった。米国市場の暴落を受けて、当然、日経平均は続落し、一時、180円安の1万2352円と1万2000円割れが目前に迫っていた。

欧米の金融機関に比べて日本の金融機関はサブプライムで相対的に傷んでいないにもかかわらず、日本市場が世界でもっとも下落しているのは明らかにおかしかった。日本市場は、実体経済からいって、米国市場ほど悪くないということは誰もがわかっていた。そして、あまりに多くの投資家が悲観的になりすぎていることこそが、そろそろ悲観の極限に達しつつあることの表れかもしれなかった。悲観論を聞きすぎて、悲観することに飽きてきた投資家も増えてきた。悲観的なニュースは当たり前すぎて、誰も反応しなくなってきていた。

何かのきっかけがあれば上がるのではないか――私は個人的にそう思っていた。

果たして、一一日の日本市場は、午前一〇時すぎから、なぜか急に持ち直す気配を見せた。そして、一〇時半からは一気に上昇し、前日比１８０円安から前日比プラスに転じる勢いとなり、午後に入るとさらに上昇した。そして、その日の最安値からは３０６円高い、前日比プラス１２６円の１万２６５８円で終わったのである。この日、プラスになると予想したアナリストやエコノミストはほとんどいなかったから、非常にうれしいサプライズであったが、明確な理由が何もなかっただけに、投資家たちも不安なまま、喜んでいいのかどうか戸惑っていた。

日本時間の一一日夜、米国と欧州の中央銀行は、協調して大量に資金供給することを決め、米国は20兆円の供給枠を設定した。これを受けて、ダウ平均は４１６ドル上昇、その上げ幅は、５年８ヶ月ぶり、史上４番目の大きさだった。米国市場は、再び、政策の支えというサプライズで一時的に熱狂した。これで、金融危機、流動性危機は回避できるという見方が出てきた。

これを受けて、一二日の日本市場も大幅に上昇すると誰もが思っていた。実際、日経平均は一時413円上昇した。しかし、後場に入ると上げ幅を縮小し、その日のピークから210円下がって、結局、前日比で203円しか上がらなかった。また、取引量も前日よりも少なかった。米国市場も、日本時間で一二日の夜、一時大幅上昇したものの、結局持続せず、46ドル安と下がってしまった。米欧中央銀行の資金供給決定によって危機は去ったという考えは、1日しか持続しなかったのである。

2ドルショック

恐怖相場はまだまだ続いた。三月一二日の米国市場では、円が1ドル100円台まで急進し、1日で3円も円高になり、原油は110ドルを突破した。これを受けて、一三日の日本市場では、日経平均が427円暴落した。たとえば、三井住友フィナンシャルグループが7・3%安、住友不動産は6・2%安の暴落となった。これは、複数のヘッジファンドが閉鎖を検討している、と英国の経済紙が報じたことから信用不安の懸念が広がり、金融や不動産株が売られたからであった。

翌一四日金曜日の日本市場は、米国格付け会社が「サブプライムの損失は峠を越えたと指摘した」という報道があったことから、午前中は回復し、日経平均は前日比プラス150円までになった。しかし、午後一時から急落に転じ、二時半には日経平均が1万2167円と1日の中で415円も変動し、終値でも前日比191円安となった。この急落のスピードは投資家に恐怖感を与えた。さらに、円は1ドル99円台となり、為替に怯える日本市場はパニックに陥った。

投資家たちは、明日が来るのが怖かった。米国市場が何かのサプライズで急騰しないか、まさに神風が吹くのを祈るぐらいしかできなかった。すがるものなしには、翌日を迎えるのが難しい心境だったのである。

しかし、とにかく米国市場が上がって欲しいという一縷《いちる》の望みも、あっさり打ち砕かれた。一四日の米国市場は、暴落したのである。まず、米国投資ファンド、カーライルグループのカーライルキャピタルが債務不履行で清算されることが確定した、というニュースが報じられると、市場は悲観的ムードを強めた。さらに、名門投資銀行のベア・スターンズが、一部の噂どおり、資金繰りの危機に陥っていることが正式に判明したことで、市場はまさにパニックとなった。

そして、ニューヨーク連銀がＪＰモルガンを通じた緊急融資を行うことも同時に発表された。これは金融当局による個別の金融機関の支援というスキームで、完全なサプライズだった。しかし、投資家たちは、予想を遥かに超えた金融危機であることを金融当局が認めたというニュースとして受け止め、パニックは加速した。

これらにより、ダウ平均は一時３００ドル安となり、最終的には、前日比１９４ドル安で引けた。円は1ドル98円となり、とにかく安全資産を求める動きが加速し、金は１オンス１００９ドルと最高値を付けた。翌日は週末で、市場が休みであることだけが投資家にとって救いであったが、これは、死刑執行が2日先に延ばされただけのようなものだった。

しかし、ここで米国ＦＲＢは三たび動いた。日本市場は、時差により主要マーケットの中で最も早い時間から開くため、世界的金融危機も日本から始まるパターンが確立していた。その日本市場の暴落阻止のため、一六日日曜日に公定歩合を０・２５％引き下げることを発表したのである。金利を下げることが確実視されていたＦＯＭＣの定例会合を2日後に控えていたにもかかわらず利下げに踏み切ったことは、一七日と一八日の2日で、世界金融市場が崩壊する可能性が現実に存在するとＦＲＢが考えていることを示していた。

ＦＲＢは、さらに、証券化商品市場への追加的な資金供給を可能にする新制度を創設し、即座にこれの第一弾として、破綻が確定したベア・スターンズの救済に対する緊急融資の実施を決定した。しかも、この３００億ドルの融資枠は、ニューヨーク連銀とＪＰモルガンがそのためのファンドを作り、連銀も持ち分を出資するというもので、まさに前代未聞の官民一体となった民間金融機関直接救済のスキームであった。

この金融恐慌阻止に対するＦＲＢのなりふり構わぬ全力の姿勢に、誰もが驚いた。しかし、それ以上に驚愕したのは、ＪＰモルガンによるベア・スターンズ救済のための買収価格が、1株わずか2ドルであったことだった。しかも、株式交換によるもので、現金買収ではなかったのである。ベア・スターンズの破綻の噂は以前より存在していたのだが、株価は前々日の一四日には30ドルであり、１年前は１５０ドルであったから、紙くず同然の価格になったことに、人々はまさに凍りついた。

1株2ドルの恐怖は、市場全体を覆いつくした。なぜなら、第二のベア・スターンズが出ることは確実視されており、危機がささやかれる金融機関の株価は、ベア・スターンズが２日で15分の1になってしまったように、破綻した場合には、数十分の一の株価でしか買い取られない可能性が高まったからだ。翌一七日月曜日には、これらの金融機関の市場での株価も、何十分の一になってもおかしくなく、想像を絶する暴落となることは明らかだった。Ｆ

ＲＢの懸命の政策の効果も、１株２ドルショックの前に、消し去られてしまった。

流氷のような売り

三月一七日月曜日午前九時、日本市場は開いた。そこは静まり返っていた。ただ、株価が静かに暴落した。買いは消え、淡々と売りが続き、その売りはどこまでも静かに続いた。市場は売りで溢れかえっていたが、誰も悲鳴を上げることすらできず、凍りついたまま、溢れる売りと、株価の淡々とした、直線的な暴落を凝視していた。

全ての銘柄が売られた。金融危機の直接の影響を受ける金融・不動産株、そして、為替や米国消費市場の影響を受ける輸出関連株が下がるというのが暴落のパターンだが、この日は、とにかくすべてのものが下がった。投資家は、売れるものはすべて売っているようであった。国際優良銘柄も例外ではなく、流動性があることで、むしろ売りに出された。ただ、淡々と売られた。

売り手は、諦めきった個人投資家だけでなく、決算末を控え、含み損を減損会計として計上したくない金融機関や事業会社、そして、清算が実質的に確定している海外系ヘッジファンドなどだった。さらに、日経平均が１万２０００円を割り込んだことで、一定水準の日経平均を割り込むと自動的に利回り保証がなくなる投資信託商品が大量にあったことから、これに関連した売りも静かに執行され続けていた。

凍りついた株式市場に対して、為替市場は熱かった。といっても、パニックとなっただけのことだった。円は1ドル95円台をつけ、前週末から5円も下がった。そして、円高は、日本市場のさらなる暴落をもたらし、静かに、恐怖の暴落スパイラルが進んでいった。資金は、ドルから逃避し、金や原油へと流れ、金は1オンス1033ドル、原油は1バレル111ドルと最高値を更新した。日本国債も急騰、国債10年物の利回りは1・230％と、ゼロ金利で量的緩和当時の二〇〇五年七月以来、2年8ヶ月ぶりの低水準となった。とにかく、リスクのある資産から資金がすべて引き揚げられていったのである。

日経平均は、1万2132円で寄り付いたものの、その後、静かに、しかし、急速に下げた。絶対に割り込まないと思われていた1万2000円を音もなく割り込んでそのまま一直線に下がり、午前中は1万1726円で終わった。市場は凍りつき、静まり返っていた。

午後も当然下がり続け、一二時三六分には、550円安の1万1691円となった。しかし、下げ幅が極端に大きかったことや、仕掛け売りの買戻しによって、その直後から反転した。通常なら、これは大きく戻すパターンなのだが、この日は、それでも売りは止《や》まず、引けにかけて、もう一度下がり、前週末比454円安の1万1787円で終わった。「静かな暴落」とはこれほど怖いものか、と全ての投資家が凍りついた1日だった。

自信喪失の日本市場

一方、一七日の米国市場は、日本市場や欧州市場の暴落を受けて、朝方は、ダウ平均が195ドル下がったが、翌日のFOMCでの利下げ期待などから一転上昇となり、一時120ドルプラスの場面もあって、結局21ドルのプラスで終わった。この日も1日で320ドルも乱高下した。これは暴落末期の錯綜相場の典型であった。そして、世界中の市場が大暴落した流れを受けて、米国市場も大幅下落が当然と思われた中でのプラスであったため、恐怖相場の終焉ではないかと思われた。この日は、セリングクライマックスであった可能性が高いと、ほとんどの投資家が思った。

したがって、翌一八日の日本市場は、米国市場の流れを受け、恐怖相場が終焉して大幅反発となると思われたが、現実にはそうならなかった。寄り付きは高く、午前九時二〇分には日経平均が1万1995円まで上昇したが、1万2000円に届かなかったことから、楽観ムードに水を差された。その結果、午後になると突然暴落し、一時一六分には、前日とほぼ同じ水準の１万１７９３円にまで下がってしまった。しかし、その後、突然、一本調子に上昇し、１万１９６４円の１７７円高で終わった。

１日の中で激しく乱高下し、かつ、引けにかけて上昇したことから、米国市場と同様にセリングクライマックスであったと思われ、米国市場の動きからも、危機は去ったという確信を持てるような相場となってよいはずだった。しかし、日本市場の雰囲気はそうではなかった。上昇はしたものの、依然、自信を喪失した相場であった。反転して上昇した理由も、仕掛けで先物を売っていた投資家の買戻しに過ぎないといわれ、メディアは悲観論を継続していた。

自信喪失の日本市場が回復するのは、米国市場において危機の終焉が１００％明らかとなってからであった。一八日は、米国の有力投資銀行の決算が相次ぐ日であった。これらの決算は当然よくないものだったが、ベア・スターンズのような破綻はなかったことから、寄付きから大幅上昇となった。そして、午後二時過ぎに、ＦＲＢが０・７５％の利下げを発表すると、その直後は大幅下落したが、一瞬で反騰、そのまま急騰して、４２０ドル高という史上４番目の上げ幅で終わったのである。

バブル崩壊からのリハビリ

危機は去ったように見えた。債券相場は急騰し、ドルも買い戻され、為替も1ドル99円まで戻った。金融機関の株価も急反転し、リーマン・ブラザーズは46％高となり、商品先物大手のMFグローバルが35％高、住宅金融大手のソーンバーグが32％高と、ベア・スターンズに続いて、破綻の噂があった銘柄が急騰した。

これを受けた一九日は、凍りついていた日本市場もようやく解け始め、寄り付きから一本調子で上昇した。しかし、一時411円の大幅高となったものの、午後には失速し、そこから115円下がって、結局、296円高で終わった。市場では、この上昇は迫力不足という失望の声が聞かれ、買い手不在であることに不満を漏らす投資家も多かった。しかし、彼らにしても、自ら積極的な買い手にはなれなかった。市場同様、いまだに自信喪失から立ち直れていなかったのである。海外系ヘッジファンドなども、それまでの暴落時と異なり、仕掛けるには、精神的、財務的余裕がないようだった。二〇〇八年三月のバブル崩壊の凄まじさが、静かに、陰鬱に市場全体を覆いつくしている結果であった。

一九日の米国市場は、前日の反動で大幅下落となり、ダウ平均が293ドル安となった。日本市場と同じく、米国市場も陰鬱な空気に支配されていた。日米そして世界の市場は、この3ケ月のダメージが大きすぎて、すぐには回復できないことを示していた。まさにリハビリが必要な状態だったのである。

米国よりも弱っている日本市場が、一九日の米国市場の暴落の影響をまともに受けたのでは、ひとたまりもなさそうだった。ようやく回復しかけたところへ、今度こそ止めを刺されるかもしれなかった。しかし、幸運なことに二〇日は休日で、日本市場は開かれなかった。

一方、二〇日の米国は大幅反発して、ダウ平均が261ドル高で終わった。景気指数の発表が上げの要因という説明もあったが、実際には、前日意味もなく下がったので、その分戻しただけであった。まさに、リハビリの途中でよろめきながらも回復しつつあるという様相だった。

このときは、金融株が大幅上昇し、シティグループが10％高、ベア・スターンズが12％高、メリルリンチも13％高であり、まさに、暴落に苦しめられたセクターが反動で上がったことを示していた。

日本市場もこれを受けてようやくしっかり上昇した。二一日の日経平均は、午前中はもみ合いで、前日比でわずかなプラスだったが、午後になると、一気に、そして一本調子に上昇し、222円高で終わった。上げ幅はともかく、上げ方がよく、雰囲気は一変した。四月までは、まだ1週間以上あったが、桜の開花も例年より早く、花見に向けてリハビリが何とか間に合ったようだった。

第7章　バブルの本質

バブルの常識、エコノミストの非常識

バブルに対する一般の認識はほとんど誤りである。一般の認識だけでなく、評論家やエコノミスト、経済学者らの専門家の認識ですら誤っている。いや、むしろ、専門家と称する人々のほうが、世間のバブル認識よりも致命的な誤りを犯している。

第4章の冒頭でも、このことに触れたが、第4章から第6章にかけて見てきたバブル崩壊のプロセスが、これらの誤りを端的に示している。本章では、二〇〇七年二月以降の事件をもう一度整理し、バブルの本質について再確認し、議論することにしたい。

誰もがバブルと知っている

第4章の冒頭に挙げたバブルに関する一般的な認識①は、

「バブルの最中には、皆、熱狂してしまって、誰もバブルがバブルであることに気づかず、投資してしまう」

というものであった。しかし、二〇〇七年二月末の上海発といわれてきた世界同時株安、同年八月のサブプライムショック、翌二〇〇八年三月の恐怖相場、これらのバブル崩壊過程を見れば、①の認識は明らかに誤りであることがわかる。

世界同時株安が、上海市場の暴落という中国国内の事件に過ぎないことをきっかけに起きたのは、投資家の誰もが世界の株式市場がバブルであり、また、円キャリー取引がバブルを生み出していることを認識していたからである。バブルであることを認識していなければ、上海市場の暴落で恐怖感を覚える必要はない。上海市場暴落は、きっかけ、あるいはきっかけのきっかけに過ぎなかった。投資家の誰もが、いつバブルが終わるか常に怯えていたために、上海市場暴落のニュースで売りに走ったのだ。そして、世界中の投資家たちは、明示的なバブル終了の合図となる事件を常に警戒していた。二月二七日の米国市場における416ドルの暴落は、その合図として誰もが認知できたため、世界中の投資家が、米国市場の暴落を見て、全力で逃げたのである。

二〇〇七年八月のサブプライムショックも同様だ。サブプライム関連証券および同様の証券化市場が完全にバブルとなっていることがわかっていたため、たった一つの金融機関の傘下ファンドの凍結というニュースが、世界中の投資家を恐怖に陥れたのである。バブルだという認識がなければ、個別の金融機関の一部のファンドの損失という、小さなニュースとしてしか取り上げられなかったと思われる。しかし、そこから実際には、欧州の銀行間の短期資金供給が行われないという流動性危機に陥った。サブプライム関連証券およびその他の証券化商品の市場の崩壊をきっかけに、世界中の金融機関および金融市場が崩壊するという恐れが現実のものとなったのである。世界中の投資家だけでなく、各国の中央銀行までもが恐怖感に襲われたのだった。

すなわち、世界中のバブルが終焉したことが誰の目にも明らかになり、全ての投資家が一斉に逃げ出したのだった。そして、上海発といわれた二月末の世界同時株安により、一度バブルは崩壊しかかっていたので、もうこの次は本当に終わりだ、ということが全ての投資家のコンセンサスとなっていた。そのため、八月のバブル崩壊により、証券化商品市場は決定的に崩壊したのだった。

バブルだから投資する

第5章で見たように、二〇〇八年三月の暴落局面は、恐怖相場だった。米国市場では、当たり前のように、1日のうちにダウ平均株価の200ドル以上の下落が頻繁に起こった。以前であれば、経済紙の1面を飾るニュースになるほどの大暴落だったが、暴落が通常の状態となり、暴落と聞いても、誰も反応しなくなっていた。それは反応しないのか、それとも反応できないのか、どちらなのかはわからなかった。連日、ファンドや金融機関が破綻すると

2007年2月1日～2008年3月31日の株価チャート

[米国市場]

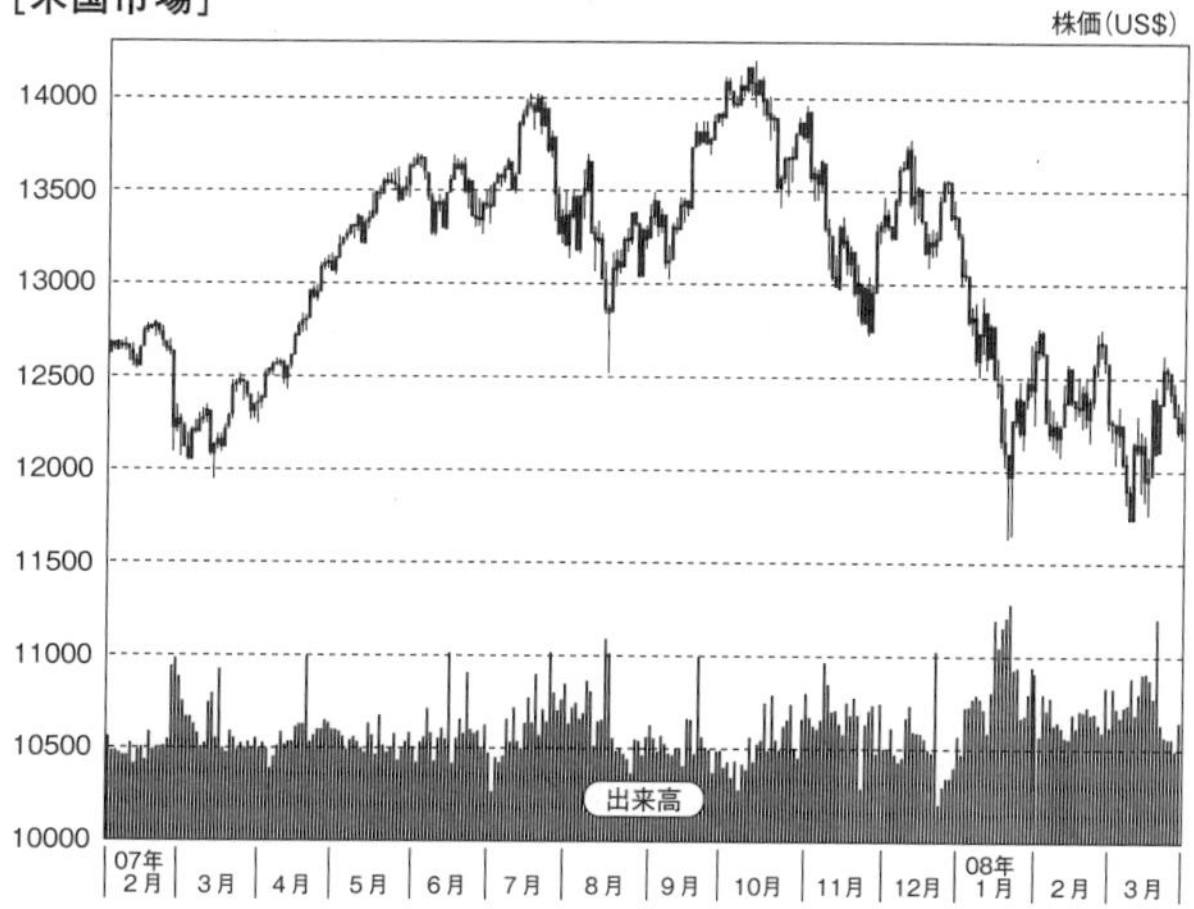

[日本市場]

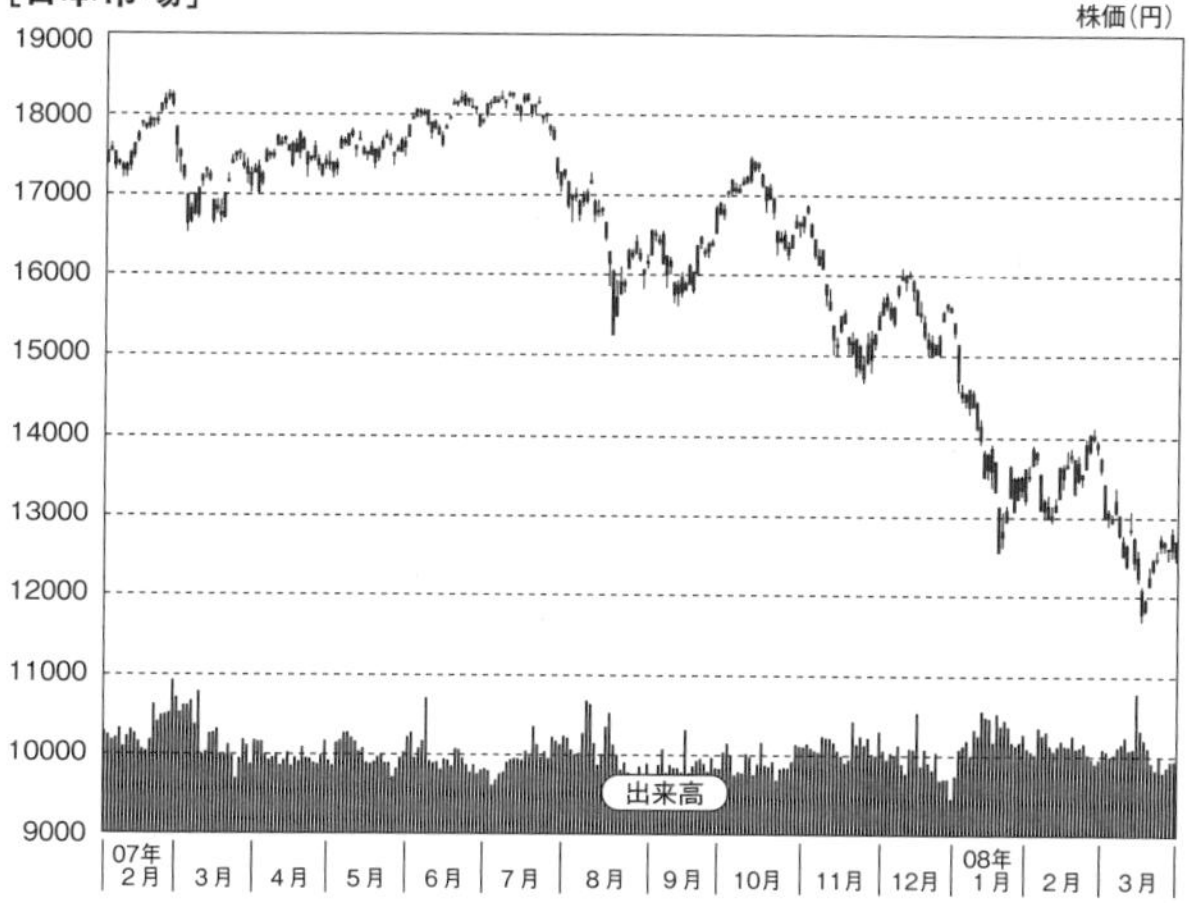

いう噂が出て、実際、名門カーライル・グループのカーライル・キャピタルは清算された。有力名門投資銀行のベア・スターンズも破綻し、JPモルガンに買収されたが、当初の買収価格は2ドルだった。その結果、ベア・スターンズの株価は、二〇〇八年二月二七日の終値87ドル30セントから、たった2週間で40分の1以下になってしまったのだった。さらに、この買収は、NY連銀という中央銀行や政府の実質的な支援がついた、官民一体による懸命の金融恐慌阻止の動きであった。これが、バブル崩壊の結末の一つの姿であった。

二〇〇七年末からの恐怖相場に先駆けて起きた同年八月のサブプライムショックは、明らかにバブルの崩壊が始まったことを示していた。そして、続く九月の乱高下は、八月のショックが一時的な調整局面に過ぎないという認識は誤りであることを示していた。それにもかかわらず、一〇月一一日には、ダウ平均株価は最高値を更新した。投資家の誰もが、バブルが終焉局面に入ったことはわかっていたのに、それでもなお、崩壊しかかったバブルの相場に参加していたのである。そして、誰もが予想したとおり、いつか来るはずの真のバブル崩壊は現実のものとなり、翌年の三月に一つのクライマックスを迎えたのであった。

この3度にわたるバブル終焉のプロセスにおいて、投資家の誰もが、その状況がバブルであることを認識しており、それがいつかは終焉を迎え、崩壊することも、当然、知っていたのだ。つまり、先に挙げたバブルについての一般的な認識①「バブルの最中はバブルと誰も気づかない」ということはあり得ないのである。

したがって、バブルについての一般的認識②、「バブルに投資することは、明らかに失敗で、後で振り返って、バブルであることに気づいていれば投資しなかったのに、と後悔する」ということもあり得ない。バブルとわかって投資しているからだ。正確にいうと、バブルだからこそ投資しているのである。

サブプライムバブルでは、崩壊の兆候となる事件が何度となく起きていた。サブプライムローン業界最大手の1つ、ニュー・センチュリー・ファイナンシャルは二〇〇七年四月に破綻し、ベア・スターンズも二〇〇七年六月には既に破綻する可能性が高いといわれていた。

それでも投資家がサブプライム関連証券に投資し続けたのはなぜか。それは、本書で何度か述べたように、バブルが儲かるからである。実際、これほど短期間に資産価格が上昇するイベントもない。だから、みんなバブルが大好きなのである。バブルを批判したり、バブルが崩壊したと騒いだりする人々は、バブルで儲けた人々を妬《ねた》んでいるか、自分が参加できなかったことを後悔しているに過ぎない。だから、バブルは膨らんでも崩壊しても騒ぎになる。

プロの投資家にとっては、バブルで儲けるのが仕事である。だから、バブルとわかっているものに、わざわざ「バブルだ」と騒いだりせずに、黙って、バブルに乗って儲けるのである。

かくしてバブルは加速する

リスクテイクバブルの詳細については、第2章、第3章で述べた。リスクを取った者だけが、リターンを得ることができるが、皆がリスクを取るようになれば、リスクがリスクでなくなり、確実に利益を上げることができる。このため、投資家たちはリスクに殺到し、その結果、リスクを取ることに対する対価が安くなってしまう。逆にいえば、リスクテイクという行為が、得られるリターンに対して割高になってしまう。これがリスクテイクバブルであった。しかし、皆がリスクテイクに殺到している限り、それはリスクではなくなる。これが、リスクがリスクでなくなるプロセスであった。

したがって、投資家は皆リスクテイクバブルに乗るべきだった。リスクなしでリターンが得られたからだ。二〇〇七年二月末の世界同時株安の直前は、まさにこの状況であった。つまり、リスクが高ければ高いほどよかったのである。新興国、しかも、他の投資家がまだ投資していない国であればあるほど、株価や不動産価格は急騰したのだ。通貨も金利の高い国のものほど、インフレリスクが高いにもかかわらず上昇した。そして、金利による収入と為替上昇によるキャピタルゲインとの両方を得ることができた。まさに、リスク万歳、リスクテイクバブル万歳だったのである。

この状況は、その直後に起きる世界同時株安を経ても本質的には変わらなかった。一度崩れたかに見えたリスクテイクバブルも、まだこのバブルでさらに儲けようとする多数の投資家が存在し、彼らがバブルの崩壊を望まなかったことから、バブルが継続したのである。その一方で、もうバブルは十分と思った投資家たちが撤退したことから、このバブルに残っている投資家たちは、より一層高いリスクを求め、さらなるリスクテイクバブルを望んだ。したがって、バブルはここからさらに加速したのである。

全員の「抜け駆け」はあり得ない

まともな投資家は、バブルをバブルと認識せずに投資することなどあり得ない。バブルだとわかっているからこそ投資するのである。だから、投資したことに後悔することもない。

しかし、そんな彼らにも、後悔するときがやってきた。二〇〇七年八月のパリバショックでは、全ての投資家が後悔の念に襲われた。ただし、彼らは、バブルに突っ込んだことを後悔したのではない。バブルから逃げ遅れたことを後悔したのである。

彼らは利益を最大化するためにぎりぎりの瞬間までバブルの波に乗ろうとした。しかし、ぎりぎりの瞬間まで乗っていれば、降りるタイミングはピンポイントでしかない。バブルが崩壊するまさに直前の瞬間に、降りなければならないのである。

だが、これは論理的に不可能である。なぜなら、全員がバブルとわかってバブルに乗っており、そして、その全員が、崩壊する瞬間、その一瞬前に降りようとしているからだ。全員が降りれば、その瞬間にバブルは完全に崩壊する。だから、誰もバブルを崩壊させずに降りることはできないのである。

つまり、ライバルである他の投資家を出し抜いて抜け駆けしたいと、全員が思っているのだ。しかし、全員の抜け駆けは、抜け駆けにはならない。結局、誰もうまく降りることができないまま、バブルは崩壊してしまうことになる。その結果、バブルに乗っていた全員が全てを失うことになるのである。

バブルはプロのもの

そんなことが現実的に起こりうるのか？　投資の素人でも、全員が同時に降りようとすれば、誰も降りられないことはわかりきっている。それが、プロの投資家が集まる市場で起きることなどあり得ないだろうと思うかもしれない。しかし、パリバショックで、それは現実のものとなった。しかも、同時に降りようとしたのは中途半端なプロではなく、世界に名だたるプロ中のプロの投資家だった。つまり、ヘッジファンドや著名投資銀行が破綻することとなったのである。

ここに、バブルについての一般的認識③、すなわち、

「バブルは危険なものであり、賢明なプロの投資家は近づかず、素人が下手に手を出して失敗するケースばかりである。したがって、バブルの疑いがあるものには決して近づいてはいけない」

の誤りが露呈する。真実は、投資のプロであればあるほどバブルを探し歩き、あるいは、自分でバブルを作り、そして膨らませて、そのバブルに最大限乗ろうとするのである。したがって、金融市場の参加者がプロの投資家であればあるほど、バブルは頻繁に起こり、そして激しく膨らみ、最後には、崩壊して、金融市場の傷は深くなるのである。

ヘッジファンドの憂うつ

バブルは最初から最後まで儲かる。最初に証券化を行い、バブルを作った投資家は大きな利益を上げる。しかし、次に買った投資家たちも、より幅広く投資家へ転売することにより、大きな利益を上げた。そして、その儲けの多くは、同じリスクテイクバブルに再投資され、さらにバブルを膨らませた。しかし、最後の局面で膨らませた投資を回収する前に、バブルは崩壊してしまったのだ。

このときに、最後に証券化商品を売りつけられていたのは、格付けの高い債券に投資する必要がある投資家たちであった。彼らは、たとえば年金資金の運用者や、自分で投資機会を作り出せない金融機関などで、欧州の投資家が中心であった。ヘッジファンドや英米系の投資銀行は、自分たちよりも目端の利かないプロの投資家に売りつけることにより、ある程度の利益を上げていたのである。

しかし、このようなしたたかなヘッジファンドも、その多くが、バブル崩壊で大きな損失を出した。なぜ、プロ中のプロであるヘッジファンドが、バブル崩壊から逃げ切れなかったのだろうか。バブルとわかっていて投資し、逃げようともしなかったのはなぜだろうか。

それは、プロであればこそ、ぎりぎりまでバブルに乗らなくてはいけなかったからだ。ライバルである他のプロがバブルに乗っているときに、自分だけ降りてしまえば、利益が減り、ライバルに負けてしまう。プロとして、出資者からの資金獲得競争に勝つためには、バブルの間だけのことであっても、ライバルより多くの利益を上げなければならなかったのである。

ここにプロの深い悩みがある。彼らがバブルからぎりぎりまで逃げようとしないのは、プロの評価基準が、ライバルに比べてどれだけ勝ったかということにあって、絶対的に何パーセント資産を増やしたかということにはないからだ。これは、第2章や第3章で述べたとおり、彼らが他人の資産を預かっている以上、止むを得ないことなのである。

出資者は、ファンドや金融機関のビジネスモデル、投資方針などに基づいて、どのファンドや金融機関に資金を預けるか決めるのだが、運用者であるファンドマネージャーの真の能力について、出資者は厳密に判断することは極めて難しい。したがって、一般的には、そのパフォーマンスで判定することになる。すなわち、そのファンドが利益を上げれば出資を増やすし、他のファンドに比べて利益を上げられなければ資金を引き揚げることになる。これは、専門用語で、パフォーマンスに基づいた裁定取引（ＰＢＡ：Performance Based Arbitrage）と呼ばれ、現代金融市場に特徴的な現象の一つである。

非常に複雑化かつ高度化した現代の金融市場においては、出資者と運用者が別々となる

「資本と頭脳の分離」が起こるのは必然であったから、この構造の下では、パフォーマンスに基づいた裁定取引は広く行われるところとなる。「頭脳」である運用者の能力は、「資本」である出資者にとっては結果からしか判断できないからだ。こうなると、運用者としては、何が何でも結果を出さなければならない。ここでの結果とは、リターン、つまり「いくら儲かったか」、それだけである。しかも、ただ儲かればよいのではない。ライバルにどれだけ勝ったか、これに尽きる。なぜなら、出資者は、限られた資金で少しでも多くのリターンを求めているからだ。

そうなると、運用者は、バブルだからといって喜んではいられない。むしろ、バブルはつらい。なぜなら、バブルで資金を増やすのは簡単だが、ライバルが1・5倍に増やしているのであれば、自分は最低でも1・6倍に増やさなければならないからである。たとえば、東京の地価が平均で20％上昇しているときに、ある不動産ファンドが20％の運用利回りを達成したとして、そのことには何の価値もない。この状況なら、誰でも20％は増やせるから、この不動産ファンドに資金を預ける人はいないからである。

金融恐慌の日常化

ここまで述べてきた、バブルにおける運用者の行動について、少し整理してみよう。

第一に、バブルが発生しているとき、運用者はバブルに乗らざるを得ない。そうしなければ、バブルに乗っているライバルに必ず負けてしまうからである。第二に、バブルに乗るといっても、ただ乗るだけでは意味がない。目いっぱい乗らないと意味がないのである。たとえば、バランスを取って、バブルとなっている資産に総投資額の30％、安全資産に70％投資、というのでは、１００％バブルとなっている資産に投資したライバルにあっさり負けてしまう。頭脳で勝っていても、度胸で負けていたのでは、バブルにおいては、結果的に「負け」てしまうのである。

第三には、実は、１００％バブルに投資しても十分ではない。つまり、勝てない。なぜなら、ほとんどのヘッジファンドが、出資者から預託された出資金以外に、借金をして、さらに投資額を膨らませているからだ。いわゆるレバレッジを効かせているのである。

たとえば、１００億円の出資を受けたときに、10％利益が出る投資機会があったとする。このとき、５％の金利で４００億円の借金をすれば、総投資額は、出資額の５倍の５００億円となる。投資した結果、総投資額の10％を利益として得るから、総額は５５０億円となる。ここから、借りた４００億円に利子の20億円をつけて返しても、残りは１３０億円となる。

その結果、１００億円の出資額に30億円の利益をつけて出資者に償還できることになるから、リターンは30％となる。

このとき、レバレッジを効かせなければ、リターンは3分の1の10％になっていた。もし、同じ出資者から同額の出資を預託されたライバルがいたとして、そのライバルが借金をしてレバレッジを効かせ、リターンを3倍にしたなら負けてしまう。したがって、全ての運用者がレバレッジを効かせようとし、しかも、目一杯効かせようとする。

運用の利回りがプラスのときは、レバレッジを効かせた分だけリターンが倍増するからいいのだが、バブルが崩壊し、利回りがマイナスあるいは金利を下回った瞬間に地獄となる。レバレッジを効かせた分だけ、マイナス幅が倍増するからだ。しかも、それだけで済まない。運用利回りがマイナスになった瞬間に、ほぼ破綻することになるのだ。なぜなら、借金をするときの担保に提供した証券も同時に値下がりするからだ。つまり、この証券が値下がりすると、運用利回りがマイナスになると同時に、担保価値自体が目減りしてしまうので、即座に借金返済を迫られるのである。現金を追加の担保として入れられれば問題はないが、運用者は利回りを上げるために目一杯投資しているから、そんな余裕はない。

追加の現金がなければ、投資した証券を売却してポジションを減らすしかない。しかし、それは、投資した証券の投売りを意味する。投げ売れば、買う投資家はいないから、ますますこの証券は値下がりし、担保価値はさらに下がり、さらなる売却を迫られる。これが、レバレッジを効かせた投資が失敗したときに起こる負のスパイラルである。

さらに悪いことに、この運用者たちは、ライバル同士で競争し、その結果、同じバブルに乗り、目一杯レバレッジをかけて投資しているから、全ての運用者が同じ負のスパイラルに巻き込まれる。市場全体で見れば、この負のスパイラルは、まさに、バブル崩壊そのものである。

レバレッジをかけて、運用者同士が同種の資産に投資し、競争している場合には、資産が少し値下がりしただけで、構造的にこの負のスパイラルが作動する。すなわち、どんな市場でも、負のスパイラルによる暴落が起きてしまう可能性がある。

さらに、このとき、ある特定の証券に関する負のスパイラルによる暴落は、他の証券や資産の市場に波及する。つまり、暴落スパイラルは伝播《でんぱ》するのである。

ある証券の市場で、この負のスパイラルが起きたとき、その証券は投げ売られることになるが、全員が投げ売ろうとするので、買い手が不在で、全く売れない。買う意欲のある投資家がいたとしても、負のスパイラルの真っ只中に買う必要はない。まだまだ下がるから、待てば、はるかに安く買えるからだ。この結果、値段がつかず、取引も成立しない。この状態が一番困る。この状態こそが、第1章で述べた「流動性の危機」である。

流動性がない資産は売ろうとしても売れないので、流動性のある他の資産を売ることになる。その際、借金をしているために、清算させられてしまうという危機にあり、つまり破綻の危機が迫っているから、価格は関係ない。いくらでもいいから売れればいい。このとき、どの運用者も同じ状況に陥っているから、流動性のある証券までが投売りされる。

しかし、その結果、もともとバブルでなかった、まともな証券の市場までもが暴落に見舞われる。流動性のあるものほど売られるから、健全な資産であったものほど値下がりし、流動性のないものは、全く取引がなされないから、値が付かず、場合によっては、価値がゼロと判定される。こうして、負のスパイラルは、健全な資産の市場にまで伝播し、世界の金融市場全体が同時多発的に暴落に見舞われる。すなわち、世界金融恐慌となるのである。このように、「資本と頭脳の分離」が起きている現代の金融市場は、金融恐慌が簡単に起き得る構造となっているのである。

覇権交代への弾き金

前節で見てきた、一部の資産市場での負のスパイラルによる暴落が世界金融恐慌につながるという構造的破綻の可能性が、現実世界で実現したのが、二〇〇七年八月に起きたサブプライムショックを発端とした、証券化商品市場の危機および債券市場全体の危機なのである。そして、その恐怖を増幅したのが、二〇〇八年三月の世界金融恐慌であった。

〇七年八月のパリバショックでは、サブプライム関連証券のうちリスクの高いものに値が付かなくなり、価値がゼロと認定された。破綻の危機に陥ったファンドは、他の保有資産の中で売れるものは何でも投げ売った。その結果、サブプライム関連証券でトリプルAの格付けのものまでが、30%から40%も暴落し、元本の7割から6割で取引されるようになった。そして、さらにサブプライムと関係のない証券化商品まで暴落し、債券一般にまで下落は広がったのである。この暴落は、サブプライムローンの実体の悪化とは直接関係なく、あくまで金融市場における債券の流動性の問題だった。しかも、世界中のほとんどの投資家が、これらの債券を保有していたから、全員が売り手に回り、買い手不在となった。そして、どこまでも債券価格は下落したのである。

ただし、このときまでにサブプライム関連証券だけでなく、全ての証券市場でバブルが起きていた。このリスクテイクバブルにより、リスク資産に投資していた多くの投資家は、この崩壊までにかなりの利益を上げていた。したがって、この時点では、まだ、多くのファンドが破綻したわけではなかった。極端にレバレッジを効かせて借金の返済を即座に迫られたファンド以外の投資家は、過去の利益や含み益を使って、何とかしのいでいた。彼らは、資産価格の回復を祈りつつ、この暴落スパイラルの嵐が過ぎ去るのをひたすら待ち続けた。

しかし、二〇〇七年一二月末からの怒濤の大暴落においては、彼らにそんな余裕はなかった。含み益はとうに底を突き、一直線に損失が増え続けていった。そして、全ての資産が値下がりしていった。したがって、含み損の拡大を防止するためには、資産は全て国債か現金にするしかなかった。損失を拡大していたファンドや金融機関は、サブプライム関連証券など全く取引の成立しない証券以外の、流動性が少しでもあり、売れる資産であれば何でも、現金確保のために投げ売った。その結果、投げ売られた資産の価格は、全て暴落した。

こうして、暴落はサブプライムとはまったく関係のない、ありとあらゆる債券に広がっていった。この暴落スパイラルは、リスク資産への投資を行っていた世界中の投資家を襲ったから、リスク資産であれば、債券にとどまるはずはなかった。新興市場の株式、先進国の株式も、全て投売りされたのである。

原油や穀物が次のターゲットに

こうした投売りによって確保した現金は、安全な資産に変えておく必要があった。従来であれば、それは米ドル資産であり、米国債であった。しかし、今回の大暴落は、サブプライムショックという米国国内経済のバブル崩壊であり、それ以上に、米国金融機関の破綻であった。すなわち、米国金融機関、米国経済、米ドル、そして米国そのものへの不信へと広がっていった金融恐慌だったのである。それは必然的に米ドルの暴落をもたらしたため、米国国内の投資家以外は、米ドル資産をできるだけ減らそうとした。それがさらに米ドルの価値を下落させたのだ。

金融資産が信頼できないとなれば、信じられるのは、実体のあるものだ。そこで、投資家たちは、原油や金、穀物、その他の資源、商品に殺到した。それによって、原油や金、穀物の異常な高値がもたらされ、この高値がこれらの市場へのさらなる資金の殺到を引き起こした。これらは、投資対象商品に変貌し、実体にかかわらず、原油と穀物は必ず同時に高騰するようになった。

さらに、これらの資源や商品、穀物が米ドルベースで価格付けされていることから、ドルの暴落により、さらにこれらの資源や商品、穀物の米ドルベースでの価格が暴騰し、原油は

１１０ドル、金は１０００ドルにまで達したのある。

こうしたことが、米国にインフレをもたらした。一方で、欧州や日本では、ドルの下落がこれら資源や商品、穀物の暴騰の影響を緩和した。その結果、インフレによる米国の実質レベルにおける経済規模の縮小と、ユーロ通貨高による欧州の相対的地位上昇をもたらした。

こうして、サブプライムショックに端を発したリスクテイクバブル崩壊は、米国の没落という、世界経済の覇権交代までをもたらす、歴史的な出来事となろうとしていたのである。

第8章　二一世紀型バブル——キャンサーキャピタリズムの発現

キャンサーキャピタリズム

リスクテイクバブルは、バブルを超えたバブルである。旧来の二〇世紀までのバブルを超えた二一世紀型バブルなのだ。そして、このリスクテイクバブルとは、キャンサーキャピタリズム（癌化した資本主義）の発現である。

金融資本は、あたかも意志を持つかのように自己増殖し、当初は経済を活性化するように見える。しかし、一旦増えすぎると、それは、さらに過剰に増殖し、激しく機能しすぎることになる。増殖した金融資本は、投資機会を求めて世界中をさまよう。そして、発見した投資機会において利益を実現し、投資機会を食いつくす。利益を得た金融資本は、さらに増殖することになるが、一方、求める投資機会は食いつくされているから、枯渇する。

自己増殖を止めない金融資本は、投資機会を自ら作り出すことを求める。その成功により、金融資本はさらに増殖するが、実体経済には過度の負担がかかり、金融資本に振り回されることになる。ここに、本来、実体経済の発展を支える存在であった金融資本が、自己増殖のために実体経済を利用するという主客逆転が起きる。そして、これが最終的には、実体経済を破壊し、金融資本自身をも破滅させる結果をもたらす。

しかし、これは金融資本の自己増殖本能による宿命である。私は、これをキャンサーキャピタリズムと名づけた。

キャンサーキャピタリズムは、二一世紀初頭に、まずリスクテイクバブルとして現れたが、今後も様々に形を変えて、世界金融市場に繰り返し出現し、二一世紀を席巻するだろう。

二〇世紀型バブル：発生メカニズムのないバブル

バブルとは何か。

バブルはバブルであるからバブルであり、バブルでなくなった瞬間にバブルでなくなり、崩壊する。バブルがバブルとして発生する理由は、ケースバイケースであり、何の理屈もないのだ。チューリップの球根が急騰した一七世紀オランダのチューリップバブルも、様々な背景はあるが、発生の原因についての定説はない。一旦それがバブルとなってしまえば、その発生の原因は関係ない。これは第3章で述べた。

バブルがバブルであるのは、自己循環理論で成立する。それは、岩井克人氏（前出）の貨幣論と同じだ。そして、その発生の原因は、わからないのではなく、その発生の原因を求めること自体が間違っている。その発生には理屈がないのだから、バブルがバブルとなる論理と、バブルの発生の原因とは、完全に分離して考えなければいけないのだ。

そして、多くのバブルに、個別の背景はあるが、構造的な発生メカニズムは存在しない。その構造を解明しようとすれば、バブルの本質をかえって見誤る。バブルには理由がないと考えたほうがよく、ほぼ偶発的である。

なかには、ITバブルのように技術革新という実体が伴うものもある。実体という根拠が存在するほうが、バブルとして膨張しやすいように思われるが、必ずしもそうではない。実体がない場合のほうが、短期に激しく膨張することとなる。チューリップバブルがそうであるし、日本の株式市場で起きたIPOバブルや分割バブルもこれに当てはまる。

IPO(Initial Public Offering)バブルとは、新しく株式を公開すると、常に株価が暴騰した現象であり、分割バブルとは、大型の株式分割を行うと、実質的には何の変化もないのに、株価が暴騰した現象のことをいう。これらの例は、実体を伴わない場合のほうがバブルの膨らみ方も、はじけ方も激しい、ということを端的に表している。

要は、実体があろうがなかろうが、バブルの生成、膨張には、影響がないのである。さらに、その価格上昇が合理的であろうが、非合理的であろうが、バブルの本質とは無関係なのである。

したがって、これまでのバブルは、チューリップバブルからITバブルまで、発生の原因はそれぞれに偶発的であり、発生に構造的な要因は存在しなかった。つまり、バブルは必然ではなく、それはバブルにもなり得たし、バブルとならなかった可能性もあったのだ。チューリップでも百合でもヒヤシンスでもバブルになり得たのである。

二一世紀の必然的なバブル

しかし、リスクテイクバブルは、その点で大きく異なる。バブルの発生が、構造的に市場に組み込まれていたのである。チューリップバブルのように偶発的なバブルではなく、構造的なバブルであり、それはバブルとなることが必然だったのである。キャンサーキャピタリズムの支配する二一世紀の現代金融市場においては、バブルの発生は必然であり、それがまず、リスクテイクバブルとなって現れた。

キャンサーキャピタリズムが金融市場を支配することになるのはなぜか。

二一世紀は、金融資本が溢れる社会である。この金融資本の歴史を振り返ってみると、それは常に膨張を続ける歴史であった。まず、産業資本から金融資本へと資本の中心が移ったのは、一八七〇年以降のことだった。そして、一九世紀末の植民地拡大競争による世界の覇権争いという帝国主義の文脈の中で、金融資本は急膨張した。しかし、それは、一九二九年の世界大恐慌で、一旦崩壊する。世界の金融資本は一気に収縮したのである。

しかし、第二次大戦終了後、世界経済の発展とともに、金融資本は復活した。実体経済が飛躍的に拡大したことから、金融資本も、それ以上のスピードで膨張していった。貿易の自由化に続き、資本の移動が国際的に自由化されていったことがこの拡大を後押しした。2度のオイルショックで、一時的に拡大は止まりかけたが、その後、一九九〇年代から、むしろ増殖のペースは加速した。

そして、ソ連、東欧などの社会主義国が、九〇年代に入って、次々と崩壊していった。これは、勝手に社会主義が自滅しただけのことで、資本主義が進歩したわけでも勝利したわけでもなかった。それにもかかわらず、世界は資本主義のものとなった。そして、資本万能主義および市場万能主義というイデオロギーが確立し、金融資本の膨張に社会的な公認を与えた形となった。

一九九〇年代は、発展途上国も注目を集めた。途上国は、金融の世界ではエマージングマーケット（新興国市場）と呼ばれるようになり、先進国から資本が流入し、急速に経済成長を遂げた。アジア、中南米への流入も激しかったが、社会主義から資本主義へ体制を変えて移行国と呼ばれた国々へは資本が殺到した。それらの国においては、民営化された旧国有企業を欧米金融資本が買いあさり、そして売りまくった。世界は、資本主義のものとなった。
しかし、この一方で、資本主義の崩壊メカニズムは着々と準備されていた。すなわち、資本主義バブルが起きたのだ。バブルは崩壊するが故にバブルであるから、資本主義は九〇年代に急膨張したことにより、逆説的だが、将来の崩壊の運命が決まったのである。それは、まず、欧米金融資本に襲いかかることが必然となった。これこそが、キャンサーキャピタリズムの帰結の一つである。

新興国市場バブルの歪《ひずみ》は、直ちに現れた。まず九五年、メキシコでテキーラ危機が起こった。かつて国営だった銀行は、九〇年代初めまでにほとんど民営化されていたが、このときすべてが破綻し、救済され、再び国有化された。九七年には、金融市場、不動産市場ともに急拡大していた、東アジア及び東南アジアが通貨・金融危機に見舞われ、大パニックとなった。このとき、金融危機は世界中に伝播する現象が見られ、新たな資本市場の危機だといわれた。日本も金融危機に陥った。さらに九八年には、ブラジル、ロシアが金融危機に陥った。

この九〇年代の一連の動きは、世界中が金融資本のバブルの波に飲み込まれたことを示している。九〇年代の前半、バブルは世界中の新興国市場で膨らみ、九〇年代末に崩壊したのだ。アジアの金融危機は象徴的であった。世界の金融市場の番人であるＩＭＦ(International

Monetary Fund）は、アジアの金融危機を未然に防げなかったことで、批判にさらされた。財政黒字で、インフレでもなかったこれらのアジアの国々は、ＩＭＦの当時のガイドラインによれば、経済危機に陥るとは思われていなかったのである。

しかし、世界的な金融資本の膨張の波に飲み込まれた以上、新興国市場がバブルとなり、それが崩壊するのは必然であった。なぜなら、金融資本は、投資機会を求めて世界中をさまよい、割安であるところを見逃すことなどあり得ないからである。したがって、アジア諸国は、実体経済から問題が生じたのではなかった。世界中の資本が殺到したことにより、バブルとなってしまい、それが崩壊して、金融危機となったのだった。そして、そのバブルは、リスクテイクバブルだったのである。

資本主義の勝利の結果、世界中は、金融資本に溢れていた。それと同時に、新しい投資機会にも溢れていた。新興国市場、移行国市場という、まだ金融資本の手垢にまみれていない投資対象が新登場したのだ。欧米金融資本は、当然、新しいターゲットを捉え、新興国と移行国に殺到した。

このとき、欧米金融資本の投下額に比して、新興国や移行国における金融市場の規模は小さかった。その結果、欧米の投資は必ず投資需要の超過をもたらした。つまり、投資対象となった資産に対する需要が急増し、その資産の価格が急騰した。したがって、投資すれば、必ず利益が出た。最初に資本を投下した投資家は、急騰した高い価格で、他の投資家にこれをうまく転売することに成功し、莫大な利益を上げた。

これは、第1章を始め、本書を通して見てきた、リスクテイクバブルそのものである。

新興国・移行国バブル

移行国における資本主義への移行は、政府機関を国営企業化して、それを民営化し、最後に公開して上場株を売り出すというプロセスをとった。この過程で、この企業の価格は上昇していった。さらに、投資対象の国の格付けを上げれば、公開された企業の株式は、世界中の投資家にとって投資可能な投資商品となり、株価も急騰した。これは、サブプライムローンの証券化のプロセスと同様である。格付け機関が、格付けを与えることにより、投資商品の価格を引き上げるという構造も同じであった。

自分が最初に投資して、次に他の投資家へ売りさばく。他の金融資本も、口火を切った資本に追随する。これはバブルの始まりの典型的なパターンであり、バブルの初期に乗っておけば、利益は確実だからである。そして、この連鎖は続いていった。

こうして、一見リスクに思える新興国市場や移行国市場に、金融資本が殺到した。一方、このバブルの恩恵にあずかり、現地の資本も利益の増加により拡大していった。そして、これが再投資され、現地国内資本もバブルに巻きこまれた。最初にリスクを取って投資することにより、他の金融資本が追随するから、この投資対象となった資産は急騰する。誰も手をつけていない資産であり、これを商品化することができれば、商品化する前よりも必ず高く売れることになり、これは結果的にリスクのない投資になる。そして、リスクをいち早く、より大きく取ったものが大きな利益を得ることになるから、このリスク資産に金融資本は殺到する。まさに、リスクテイクバブルの構造そのものだった。

前章で述べたように、プロの運用者であれば、このバブルに乗らないわけにはいかない。なぜなら、資本家から金融資本の運用を委託されている以上、他の運用者がバブルで儲けているのに、自分が乗らなければ、資本家は資金を引き揚げて、他のファンドに移してしまうからである。運用者にとっては、投資先のバブルが崩壊しようが、資金が引き揚げられようが、自分のファンドがなくなってしまうことに変わりはない。したがって、バブルにおびえる理由はひとつもない。

これは、とりわけ、新規に参入してきたヘッジファンドの運用者に見られる現象である。

彼らにとっては、有名な老舗ファンドとの資金の獲得競争に勝つことが何よりも重要であった。よって、短期にパフォーマンスを上げる必要があり、ライバルに一時的にも決して負けてはいけなかった。老舗のヘッジファンドは資金の引き揚げに制限をかけているが、彼ら新参者は信用されていないため、その代わりに、いつでも資金を引き揚げてよいという条件で出資者から資金を得ていた。したがって、一時的にせよ、ライバルに負けたときには、資金が引き揚げられ、ファンドマネージャー人生は終わってしまうのである。

九七年のアジア金融危機においても、二〇〇七年のサブプライムショックにおいても、ともに、このような新参のヘッジファンドが数多く存在していた。当然、バブルが起きているから、世界中の金融資本は膨らんでおり、新たな投資先だけでなく、新たな運用者も求められていた。このチャンスを捉え、新しいヘッジファンドが次々と誕生した。

バブルが膨らんでいる間は、レバレッジを効かせて運用成績を増幅させているヘッジファンドが、極端に大きな利益を上げていたから、ヘッジファンドマネージャーへの希望者もあふれていた。ビジネススクール卒業生の夢の進路は、ITバブル期はIT起業家だったが、このリスクテイクバブル期はヘッジファンドであった。彼らの存在も、リスクテイクバブルをさらに膨らませることに貢献した。

新規ヘッジファンドの拡大は、リスクテイクバブルの膨張を加速し、それがより一層のヘッジファンドの拡大、参入をもたらした。この急拡大は、さらなるバブルの膨張をもたらしたが、それは、同時にバブルの崩壊を早めることになり、アジア新興国バブルの崩壊とともに、関連ヘッジファンドのバブルも崩壊した。

金融工学バブル

キャンサーキャピタリズムは、二〇世紀末期、既に発症していた。その一つが、右に見た、新興国・移行国市場のバブルであったが、もう一つ別のところでも現れていた。それは、金融工学バブルであった。

金融工学とは、金融市場を極めて合理的な存在と捉え、金融市場で成立する株価や債券の価格が、通常はファンダメンタルズを反映した価格になっているという考え方である。ファンダメンタルズとは、企業収益やマクロ経済の将来見通しといった実体経済に関する要因のことである。

このような合理的な金融市場も、現実にはほんの少し乱れることがある。つまり、このファンダメンタルズを理解していない投資家が売買を行うことにより、株価や債券の価格が理論価格からずれることがあるのだ。これが裁定取引のチャンスとなる。裁定取引とは、価格がずれて相対的に割安になったものを買い、割高なものを売ることによって、この価格差を利用して、リスクなしで儲けるということである。

この戦略をとるヘッジファンドは多かったが、最も有名だったのは、2人のノーベル賞経済学者、ロバート・マートンとマイロン・ショールズがソロモンブラザーズのカリスマトレーダーだったジョン・メリウェザーと一緒に設立した、LTCM（Long-term Capital Management）である。なぜ、このような頭脳が必要だったかというと、一つには、彼らのネームバリューが有用だったことだ。そして、もう一つには、実際に、高度なコンピュータープログラムにより、極めて小さな理論価格からのずれを発見する必要があったからだった。このずれを利用して投資する戦略においては、高度な頭脳が必須であった。

理論的には、様々な証券のリスクとリターンを瞬時に計算し、それぞれの証券のリターンが、相互に関係しながらどのように動く可能性があるかなどをすべて計算することになる。そして、どのような状況においても、同じリスクとリターンをもたらす投資ポジション（いわば合成された証券のようなもの）を2つ作る。この2つのうち相対的に割安なほうを買い、割高なほうを売ることにより、まったくのリスクなしで、この2つの合成証券の価格差を利用してリターンを上げるという戦略である。ここに高度な金融工学のモデルが使われたのである。

このファンドの特徴は、レバレッジを極端に効かせたことであった。理論上は、これは合理的だった。なぜなら、この裁定取引による投資は、ノーリスクローリターンであったから、レバレッジを効かせることによって、ノーリスクハイリターンにすることができたからだ。これは、理想的な運用手法であるように見えた。そして、実際の運用でも、九八年初頭までは、リターンが年率40%にもなっており、まさに理想を実現していたのである。

ファンドの運用チームのメンバーの知名度と4年間の実績が、理論的正当性をさらに補強したため、全ての銀行が、疑いもなくレバレッジを効かせるための大量の資金を融資し、出資希望の投資資金も殺到した。実際、各国の政府系投資ファンドや著名金融機関、各国中央銀行までが、このファンドに出資したのであった。そして、彼らが出資したという事実により、さらに出資希望者が殺到した。

だが、このようなモデルで投資を行っていたのは、彼らだけではなかった。彼らの成功に刺激されて、さらに多くのファンドが参入したのである。しかし何より、ＬＴＣＭに資金が殺到したため、自分たちの運用額が１０００億ドルを超えてしまった。この大量の資本流入により、ＬＴＣＭ自身の破綻の可能性が準備されることになったのである。

ここでＬＴＣＭは、現代金融市場の最大の構造的欠陥である、投資機会の不足に陥ってしまった。裁定取引を行うための小さな価格のずれという投資機会をめぐって、他の運用者というライバルが登場しただけでなく、何よりも、自分たちが自分たちのライバルになってしまったのである。

ＬＴＣＭは、自分たちが金融工学を駆使して発見した裁定取引という投資機会に大量に資金を投下する。それは収益を生み出すが、収益を生み出すとは、割安で買ったものが割安でなくなったので売り、割高だったから売ったものが割高でなくなったから買い戻し、その結果として利益が出たということだ。すなわち、利益がもたらされた代わりに、投資機会が消失したのである。自分たちの投資額が40倍にも膨れ上がったことは、投資機会を求めるライバルを40人、自分で作ってしまったことを意味した。実は、これは、ヘッジファンドが陥りやすい一番の罠で、成功すればするほど、破綻の可能性が高まる構造になっているのである。

ここに、金融工学モデルバブル及びリスクテイクバブルが発生したのである。

裁定取引による利益の源泉を枯渇させないためには、投資対象とする市場を広げていく必要があった。そこで、当初は、流動性のきわめて高い国債市場と為替市場に投資対象を限定していたが、これを徐々に流動性の低い市場へも広げていったのである。この投資においても、裁定取引であるから、理論上は、割安と割高の証券を組み合わせてリスクをゼロにしているはずだったが、その対象となる資産自体はリスクの高いものに変わっていた。そして何より、それらの資産には、取引量が少ないという、大きな流動性リスクが存在していた。

そのような資産にまで投資対象を広げた理由は、運用規模が40倍になり、投資額を40倍にする必要があったからだけではなかった。投資額は40倍よりも遥かに大規模に拡大する必要があった。なぜなら、投資機会に投資資金が殺到した結果、もともと極めて小さかった裁定取引における価格差（利ざや）が、さらに縮小していったからである。まともな利ざやのある投資機会は消失し、極端に小さい価格差をも利用しなくては、投資が成立しなかった。しかし、低いリターン水準では出資者は満足しない。そこで、リターンの水準を回復するために、もともと高いレバレッジをさらに極端に膨らませていったのであった。

つまり、より高いリスクを持ち、かつ、より流動性リスクの高い資産にも投資対象を拡大し、そこへ極端にレバレッジを高めた投資を行うようになったのだ。しかし、その結果、当初の運用とは比べ物にならない潜在的なリスクを背負うことになったのである。

ここで、リスクの高い投資で極めて低いリターンを得る、というリスクテイクの価格高騰が起こった。この状況を生み出したのは、投資機会の不足と金融資本の自己増殖であった。そして、それをサポートしたのが、金融工学という高度な数学に裏打ちされた理論とコンピューターモデルだったのだ。

増殖を止められないキャンサーキャピタリズム

ここに、二一世紀型バブルの主要要素が揃った。金融資本の自己増殖及び投資機会の減少により、低いリターンを得るために極端に高いリスクを取る、リスクテイクバブルが発生した。そして、これは、金融工学とノーベル賞経済学者という理論的、数学的説得力、そして過去の高いリターンという実績によりサポートされた。投資家は、そのサポートを受けて出資を増大させ、運用者は、レバレッジを極端に膨らませ、低いリターンを無理矢理高いリターンに増幅したのである。増幅したということは、リスクテイクバブルはさらに膨らみ、膨らんだということは、破裂することが必然となり、極端なレバレッジということは、小さなショックで破綻することを意味し、そしてバブル崩壊の可能性は必然的に高まった。

自己増殖した金融資本が自分で自分の首を絞めるというキャンサーキャピタリズムの本質が、ここに登場したのであった。

新興国・移行国市場バブルおよび金融工学バブルの2つに発現が見られたキャンサーキャピタリズムは、二一世紀、リスクテイクバブルとなって、本格的に発症した。キャンサーキャピタリズムにおいては、バブルの膨張、崩壊のメカニズムは、構造的に市場内部に組み込まれていた。そして、金融資本の増殖に比例して、バブルの膨張はより激しくなり、そして、崩壊はさらに激しいものとなった。病は急速に進行していったのである。

この病の急速な進行は、実体経済における投資機会と金融資本のバランスが悪くなったことが主要因だった。金融工学バブルに見られたように、投資機会の減少、金融資本の増大は、後者の異常な増殖を必然的に強いたのである。

世界中の金融資本は、世界市場全体で、ともかくリスクがあれば何にでも投資した。ありとあらゆるリスクを投資機会に変えて、投資を行った。この資金投入総量は、レバレッジとして利用された負債を含めて、異常なレベルに達した。短期的には、投入量が増えれば増えるほど、これらの資産価格が上昇したから、増殖はとどまるところを知らないように見えた。世界中でリスク資産の価格が異常に高騰した。株式、債券だけでなく、不動産はもちろん、原油も金も穀物も異常に高騰したのだ。そこでは、本来、実体経済の発展を支える存在であった金融資本が自己増殖し、この金融資本の自己増殖のために、実体経済を利用するという主客逆転の現象が起きていた。

しかし、一旦、自己増殖メカニズムが崩壊すれば、金融市場は未曾有《みぞう》の大混乱となることは明らかだった。実際、金融資本にとっては小さな存在であった実体経済が躓《つまず》けば、その景気変動が異常に増幅されて、金融市場に大きな衝撃としてフィードバックされることとなる。その結果、増殖した金融資本は脆《もろ》くも簡単に崩壊することになる。ごく一般的な景気循環として起こる実体経済の景気悪化が、未曾有の金融危機となってしまう危険性があるのだ。それが実現したのが、サブプライムショックであり、リスクテイクバブル崩壊であった。

二一世紀においては、キャンサーキャピタリズムが形を変え、品を変え、次々と発症するだろう。その発症がわかっていても、それは社会的に制御できるものでなく、金融資本が自己増殖を続ける限り、それは止まらないであろう。

したがって、第4章の冒頭に挙げたバブルに関する一般常識④の、

「バブルは危険で、経済に大きな被害をもたらすものであるから、社会としても、政府としても、バブル潰し、再発防止に取り組む必要がある。これは困難ではあるが、時代の進歩とともに、金融市場の発達、金融知識の広がり、投資家の成熟が進み、バブルの発生頻度、度合いは時代を経て、小さくなっていくし、制御することも徐々に可能になってくる」

は、二一世紀のキャンサーキャピタリズムには当てはまらない。二〇世紀までの古典的なバブルにおいては、中央銀行が通貨をコントロールすることにより、発熱した子供のおでこに氷を当ててやるくらいのことはできた。しかし、二一世紀のリスクテイクバブルをはじめとするキャンサーキャピタリズムは、金融資本市場に構造的に埋め込まれてしまっているから、これを除去することは不可能である。キャンサーキャピタリズムにおける金融資本の自己増殖願望を根絶しない限り、発症および増殖をとめることはできないのだ。

キャンサーキャピタリズムの未来

米英を中心とする既存の金融資本の増殖と、実体経済の投資機会の不足というアンバランスを解消することが、二一世紀の新型バブルから現代経済社会を守るための、考えうる対処法であるが、これも対症療法に過ぎない。金融資本の自己増殖本能を断ち切らない限り、永遠に発症リスクは残り続けるのである。そして、新興国の実体経済が発展し、その収益の蓄積によって生まれた産業資本が金融資本に形を変え、新たな金融資本同士の投資機会争奪戦が激しさを増すことを考えると、さらにキャンサーキャピタリズムは進行し、その発症であるバブルは激しく、頻繁に起こることが予想される。そして、金融資本同士の増殖争いは、国家および経済圏の覇権争いという形態をとりうる。

現実の金融市場において、これは、既に起こっている。産油国は経済的な生き残りを賭け、将来への布石として、政府系ファンドという形で金融資本を増殖させようとしており、それは、実体経済における貿易によって富を蓄積した中国などにおいても同様だ。

一方、米国ドル資本は、衰退の様相を見せている。この衰退は、サブプライムショックを発端とする二〇〇七年からのリスクテイクバブル崩壊の過程で加速している。キャンサーキャピタリズムが、世界に先駆けて米国経済および米国金融資本そのものを蝕んでいるのであり、病は着実に進行しているのである。

キャンサーキャピタリズムの病が癒《い》えるのは、この病に蝕まれた既存の金融資本が一度消滅してからとなろう。いくつかの投資銀行の破綻などにその兆候は現れているが、さらなる発症が続くであろう。

今後、多くの識者の議論に反して、実体経済が相対的に力を持つようになり、金融資本の影響力は低下することになる可能性がある。原油高、資源高、穀物高によるインフレ危機が騒がれているが、これはモノの値段が上がっているのではなく、お金の価値が下がっているのである。これこそ、実体そのものである資源や穀物と、マネーとの価値の逆転現象であり、金融資本の価値低下、衰退を示している。これがさらに進めば、実体経済と金融資本との主客が再び逆転し、本来の姿に戻る可能性がある。そのときこそ、本当にキャンサーキャピタリズムが決定的に崩壊し、病が完治するときである。

しかし、今回のリスクテイクバブル崩壊は、まだ、第一次崩壊過程と思われ、今後、幾度となく、キャンサーキャピタリズムは発症し、リスクテイクバブルは繰り返され、さらに別の形のバブルやそれ以外の発症があるであろう。

キャンサーキャピタリズムの完治はいつか。それは意外と遠いようで近い気もする。しかし、それまでには、これまで以上の激痛と悶絶を経なければならないだろう。少なくとも、その覚悟だけは、我々は今からしておかなければならない。

小幡績（おばたせき）

個人投資家として積極的に投資し続ける行動派経済学者。株主総会やメディアでも積極的に発言。専門は行動ファイナンスとコーポレートガバナンス。1992年東京大学経済学部首席卒業、大蔵省（現財務省）入省、'99年退職。2001〜03年一橋経済研究所専任講師。'03年より現在、慶應大学大学院経営管理研究学科（慶應ビジネススクール）准教授。'01年ハーバード大学経済学博士（Ph.D.）。著書に『ネット株の心理学』（MYCOM新書）、『株式投資 最強のサバイバル理論』（共著、洋泉社）がある。

すべての経済《けいざい》はバブルに通《つう》じる

2008年8月15日初版1刷発行

著　者 —— 小幡績

発行者 —— 古谷俊勝

装　幀 —— アラン・チャン

印刷所 —— 堀内印刷

製本所 —— 明泉堂製本

発行所 —— 株式会社光文社
東京都文京区音羽1-16-6（〒112-8011）
http://www.kobunsha.com/

電　話 —— 編集部03（5395）8289　販売部03（5395）8114
業務部03（5395）8125

メール —— sinsyo@kobunsha.com

ISBN 978-4-334-03466-5

191
さおだけ屋はなぜ潰れないのか？
身近な疑問からはじめる会計学
山田真哉

挫折せずに最後まで読める会計の本——あの店はいつも客がいないのにどうして潰れないのだろうか？ 毎日の生活に転がる「身近な疑問」から、大ざっぱに会計の本質をつかむ！

197
経営の大局をつかむ会計
健全な〝ドンブリ勘定〟のすすめ
山根節

会計の使える経営管理者になりたかったら、いきなりリアルな財務諸表と格闘せよ。経理マン、会計士が絶対に教えてくれない経営戦略のための会計学。

206
金融広告を読め
どれが当たりで、どれがハズレか
吉本佳生

投資信託、外貨預金、個人向け国債……。「儲かる」「増やす」というその広告を本当に信じてもよいのか？ 63の金融広告を実際に読み解きながら、投資センスをトレーニングする。

297
ざっくり分かるファイナンス
経営センスを磨くための財務
石野雄一

「セミナーに通ったり、参考書を何冊も読んだけどまったく理解できない」——とかく難しいと思われがちな企業財務のポイントを、気鋭の財務戦略コンサルタントがざっくり解説。

300
食い逃げされてもバイトは雇うな
禁じられた数字〈上〉
山田真哉

あの有名な牛丼屋にはなぜ食券機がないのか？ 1グラムのことを、なぜ「タウリン1000ミリグラム」というのか？ ——数字がうまくなるための、「さおだけ屋」第2弾！

336
「食い逃げされてもバイトは雇うな」なんて大間違い
禁じられた数字〈下〉
山田真哉

「1億円が12本」も出た宝くじ売り場で買えば、当たるのか？ 本当に、会計がわかればビジネスもわかるようになるのか？ ——数字や常識に騙されないための、「さおだけ屋」完結編。

324
お金は銀行に預けるな
金融リテラシーの基本と実践
勝間和代

お金を貯めること、お金を預けることは、人生設計上のリスクです。年金不安、所得格差が進む中、生活を守るために必要な考え方とノウハウを、第一人者が分かりやすく解説。